THÈSE
POUR
LE DOCTORAT

UNIVERSITÉ DE CAEN. — FACULTÉ DE DROIT

Année scolaire 1908-1909

DOYEN :

M. Edmond VILLEY (✱, I. ✿), membre de l'Institut, membre du Conseil supérieur de l'Instruction publique.

PROFESSEURS :

MM. DANJON (I. ✿), professeur de *Droit commercial*, chargé du cours de *Droit maritime*.

Edmond VILLEY (✱, I. ✿), professeur d'*Economie politique*.

GUILLOUARD (✱, I. ✿, C. ✠, G. O. ✠, C. I. C. ✠, O. ✠, L. ✠), professeur de *Droit civil*, correspondant de l'Institut.

LEBRET (I. ✿), (ancien Ministre de la Justice), professeur de *Droit civil*, chargé du cours de *Notariat et Enregistrement*.

CABOUAT (I. ✿), professeur de *Droit international public* et *privé*, chargé du cours de *Législation industrielle*.

DEBRAY (A. ✿), assesseur du Doyen, professeur de *Droit romain*. et chargé d'un cours d'*Histoire du Droit français*.

LE FUR, (A. ✿), professeur de *Droit administratif*.

ASTOUL (A. ✿), professeur de *Droit romain* et chargé des cours de *Pandectes* et d'*Histoire du Droit public français*.

DEGOIS (A. ✿), professeur de *Droit criminel*, chargé du cours de *Droit civil approfondi* et *comparé*.

GÉNESTAL (A. ✿), professeur d'*Histoire du Droit français* et chargé du cours de la *Coutume de Normandie*

ALLIX (A. ✿), professeur d'*Économie politique* et d'*Histoire des doctrines économiques*, et chargé du cours de *Législation financière*.

NÉZARD (A. ✿), agrégé, chargé des cours de *Droit constitutionnel comparé*, de *Droit public* et de *Droit administratif*.

GOMBEAUX, agrégé, chargé d'un cours de *Droit civil* (Licence) et d'*Eléments de Droit civil* (Capacité)

ROUGIER, docteur en droit, chargé des cours d'*Eléments de Droit constitutionnel* (Licence) et d'*Elements de Droit public et administratif* (Capacité).

ROUSSEAU, chargé des cours de *Procédure civile et d'Eléments du Droit civil*.

SECRÉTAIRE :

M. GALLOU (I. ✿), secrétaire des Facultés de l'Université de Caen.

La Faculté n'entend donner aucune approbation ni improbation aux opinions émises dans les thèses ; ces opinions doivent être considérées comme propres à leurs auteurs.

FACULTÉ DE DROIT DE L'UNIVERSITÉ DE CAEN

LE MÉTAYAGE

DANS

L'ARRONDISSEMENT DE LAVAL

THÈSE POUR LE DOCTORAT

L'ACTE PUBLIC SUR LES MATIÈRES CI-APRÈS

Sera présenté et soutenu le Jeudi 24 Juin 1909, à 3 heures

PAR

GASTON LE MARIÉ

Président : M. ALLIX, *professeur*.

Suffragants { MM. CABOUAT, *professeur*.
GENESTAL, *professeur*.

LAVAL

L. BARNÉOUD & Cie, IMPRIMEURS

8, RUE RICORDAINE, 8

1909

Il y a de longs siècles que le métayage se pratique dans la Mayenne. Les progrès qu'il a fait réaliser à l'agriculture sont nombreux et reconnus de tous ; cependant le métayage est, dans notre département, en décroissance certaine, les dernières statistiques en font foi, malgré le nombre encore considérable de domaines soumis à ce contrat.

Alors que les propriétaires se devraient à honneur de continuer et propager un mode de tenure que leurs pères ont pratiqué, que réclame la grandeur d'un pays dont la principale richesse se trouve dans les produits du sol (1), ils se désintéressent de la culture de la terre et préfèrent le fermage au métayage. Nous pensons cependant que le métayage, pratiqué dans un pays où il existe de tradition, dans une région où

1. Dans la Mayenne, en 1901, 62.236 personnes du sexe masculin étaient occupées aux travaux agricoles et forestiers ; la proportion par rapport à la population masculine totale était de 59,69 o/o. Près du tiers de la population totale, 100.794 personnes, se livrait à l'agriculture (Ministère du commerce, de l'industrie, des postes et télégraphes. Résultats statistiques du recensement général de la population effectué le 24 mars 1901. Paris, Imprimerie nationale, 1904).

la culture n'est pas intensive, est, après le faire-valoir direct, le contrat le plus favorable au développement de l'agriculture, nous pensons que par lui se trouve résolu, de la façon la plus simple, nombre de questions sociales du plus haut intérêt.

Nous avons renoncé à étudier le métayage dans son ensemble ; trop d'auteurs ont entrepris cette tâche et l'ont menée à bien. Vouloir les imiter eût été inutile, faire mieux eût été difficile, d'autant plus que nous nous trouvons ici en présence d'un contrat qu'une loi de 1889 régit d'une façon vague et qui varie à l'infini avec les usages locaux des diverses provinces ; décrire le métayage dans tous ses détails est donc un travail presque impossible. Non content de rétrécir le cercle de nos observations au département de la Mayenne, nous nous sommes décidés à n'envisager le métayage que dans l'arrondissement de Laval, en voici les raisons :

Dans l'arrondissement de Mayenne ce contrat est peu en faveur, inutile donc d'en parler.

L'arrondissement de Château-Gontier est, il est vrai, l'arrondissement où ce mode de tenure est le plus développé, mais il faut remarquer que cette partie de notre département est presque entièrement formée de l'ancienne province de l'Anjou. Dans une telle étude, connaître les usages locaux est beaucoup, mais savoir quelles sont les habitudes qui les complètent, quels sont les caractères et les mœurs des personnes auxquelles ils s'appliquent, nous a paru indispensable. Pour atteindre ce résultat, vivre au milieu des propriétaires et des paysans est le système le plus sûr. De plus le métayage dans l'arrondissement de Château-Gontier, bien que l'auteur se soit placé plus au point de vue juridique qu'économique, a été étudié, il y a de cela quelques années, par M. Isidore Pasquier, d'après sa pratique dans le Craonnais (1).

Restait donc l'arrondissement de Laval. En 1881 avait paru une étude des plus intéressantes sur le métayage dans la Mayenne, qui valut à son auteur la plus haute récompense dont disposait alors la Société des Agriculteurs de France (2). Il était regrettable que le cadre imposé par cette société, n'eût pas permis à M. Le Breton, sénateur de la Mayenne, de développer plus longuement, avec toute la compétence dont il disposait, cette importante matière. De plus, tout un côté de la question restait encore à traiter. Rechercher quelles sont les premières traces de métayage dans notre pays, observer à combien d'années remontent les usages que nous appliquons tous les jours, nous a paru digne d'attirer notre attention. Nous avons donc pensé faire œuvre utile en entreprenant cet ouvrage.

Définir le métayage, en faire l'historique dans notre

1. *Du métayage étudié dans son histoire et ses éléments juridiques d'après sa pratique dans le Craonnais.* Angers, Lachèse et Dobleau, 1890.

2. P. Le Breton. *Etude sur le métayage dans la Mayenne.* Paris, Imprimerie de la Société de Typographie, 1881.

arrondissement, voir comment il s'y pratique de nos jours, étudier à quelles influences économiques il y est soumis, tel a été notre but, tel est notre plan.

INTRODUCTION

NATURE ET DÉFINITION DU MÉTAYAGE

Voilà longtemps déjà que la nature du contrat de métayage a fait naître de nombreuses discussions. Chez les Romains, un texte du *Digeste* avait donné lieu à de longues luttes de savants. Nous ne nous en occuperons pas, nous réservant d'étudier la question au point de vue actuel ; encore le ferons-nous rapidement, car cela se rapproche plus de la théorie que de la pratique, surtout depuis que la loi de 1889 est venue trancher en partie le problème.

La terminologie employée pour désigner tant le propriétaire du fonds que le tenancier, la position sociale si différente en général des parties, ont tout naturellement amené un grand nombre de personnes à ranger le métayage parmi les diverses sortes de louage.

D'autre part, le partage des profits et des pertes, la

communauté étroite d'intérêts qui rapproche propriétaire et métayer dans la bonne comme dans la mauvaise fortune, ont dans nombre d'esprits évoqué l'idée de société.

Enfin entre ces deux systèmes, toute une catégorie de personnes, remarquant que le métayage tient à la fois du louage et de la société, en ont fait un contrat à part, un contrat *sui generis*.

Avant d'entreprendre cette étude, une remarque générale s'impose. Nous sommes en présence d'un contrat né exclusivement d'usages coutumiers et les divergences qui existent entre ceux-ci d'un pays à un autre sont suffisantes pour expliquer que la nature de ce contrat puisse varier dans une certaine limite entre les différentes provinces. La même observation s'appliquerait pour les différents Etats où le métayage est en usage (1). Il ne faut donc pas s'étonner de voir, à Laval, au XVIIIe siècle, un avocat au parlement, M. René Pichot, sieur de la Graverie (2), trancher la question en faveur de la société, sans aucune hésitation, comme s'il ne pouvait y avoir doute sur un pareil sujet. Nous avouons nous-mêmes que s'il nous fallait choisir,

1. « Le Code autrichien fait du métayage un contrat de société. Par contre le Code italien y voit un louage pur et simple, et au Brésil, une loi du 15 mars 1879 décide que nous sommes en présence d'un louage d'ouvrage et d'industrie ». Martin Desboudet, *Le métayage en Bourbonnais*. Paris, Pedone, 1897, p. 27.

2. Sentences du siège ordinaire du comté-pairie de Laval recueillies par M. René Pichot, sieur de la Graverie. — Manuscrit. *Bibliothèque de Laval*, n. 12 222, voir p. 75.

comme nature du métayage, entre le louage et la société, nous donnerions toutes nos préférences à cette dernière, car c'est d'elle que se rapproche le plus le métayage tel que nous le décrirons dans la suite de cet ouvrage et tel qu'il est pratiqué dans notre arrondissement. Mais revenons à la discussion des divers systèmes que nous avons énoncés. Après avoir présenté les principaux arguments des partisans de ces différentes théories, nous les réfuterons aussitôt.

Le métayage est un contrat de louage.

1° Les noms employés par la loi pour désigner les parties, preneur, bailleur et le nom du contrat auquel le métayage donne lieu, le bail, sont les mêmes expressions que celles dont on se sert en parlant du louage. Les art. 1763 et 1765 du Code civil qui les formulent, n'emploient pas, comme à dessein, pour enlever tout doute, les mots traditionnels de colon et de colonage.

Les règles du métayage, en droit coutumier, avaient été établies d'après une situation de fait, et il est certain, qu'à ce point de vue, le métayage apparaissait comme une sorte de louage. L'idée même de société entre seigneur et vilain n'aurait pu venir à l'esprit des rédacteurs des coutumes ; or le Code civil n'a fait que transcrire l'usage de mots consacrés par l'habitude. De plus le Code, ne consacrant au métayage que deux articles, semble s'être désintéressé d'un tel contrat basé sur la coutume et ne lui avoir consacré qu'une attention toute relative. Il ne faut donc pas tirer argument de ces mots preneur, bailleur, bail.

2° Les articles 1763, 1764, 1771 C. civ. dans lesquels le Code traite du colonage ont été placés par le législateur au titre du louage, prouvant ainsi clairement qu'il considérait le colonage comme faisant partie de ce dernier contrat. Ces articles sont des dérogations aux règles des baux à ferme, n'est-il pas naturel d'en conclure que, sur tous les autres points, les principes mentionnés dans la section où ils se trouvent leur sont applicables ?

Qu'il suffise de répondre que dans le chapitre IV du même titre, nous trouvons une section III, intitulée *Du Cheptel à moitié* et que l'article 1818 de cette section commence par ces mots : Le cheptel à moitié est une société..... Preuve bien évidente que la place d'un article dans un titre ne remplace pas un texte précis quand il s'agit de déterminer la nature d'un contrat.

3° La loi du 22 frimaire an VII assimile le bail à portion de fruits au bail à ferme et les soumet l'un et l'autre au droit proportionnel ; au point de vue fiscal, le colonage est donc incontestablement un louage.

Le législateur a constaté certaines analogies entre le bail à métayage et le bail à ferme, il devait en tenir compte, c'est ce qu'il a fait ; mais il ne les a pas pour cela assimilés. L'article 15, en effet, distingue trois sortes d'amodiations : 1° amodiation moyennant un prix annuel fixe et déterminé : bail à ferme ordinaire ; 2° amodiation moyennant une redevance en nature fixe : bail à ferme exceptionnel ; 3° amodiation moyennant une redevance en nature proportionnelle : bail à métairie. Il n'y a donc pas confusion.

4° La définition que nous donne l'article 1709 C. civ. : « Le louage des choses est un contrat par lequel l'une des parties s'oblige à faire jouir l'autre d'une chose pendant un certain temps, et moyennant un certain prix que celle-ci s'oblige de lui payer », s'applique admirablement au métayage.

Dans notre contrat, il n'y a pas paiement, mais partage. Jusqu'au moment, en effet, où les fruits sont divisés entre les deux parties, ils sont indivis entre elles. Or pour qu'il y ait versement d'un prix, il faut que le débiteur soit propriétaire exclusif de la somme d'argent qu'il remet à son créancier. — Par ailleurs, « dans le louage, dit Troplong, il faut que le prix soit payé par le fermier, tandis que dans le bail partiaire le colon ne le doit pas ; c'est le propriétaire qui le prend sur sa chose, non à titre de loyer, mais à titre d'accessoire de la terre qui lui appartient, à titre de partie de la terre elle-même. » — Enfin la chose louée est remise au preneur qui en use selon sa libre volonté pourvu qu'il se conduise en bon père de famille ; le métayage conserve au contraire au bailleur un droit incompatible avec toute idée de louage, un droit de surveillance sur sa chose.

Le métayage est un contrat de société.

1° Le droit romain a considéré le métayage comme une société. Gaïus n'écrivait-il pas : *partiarius colonus quasi societatis jure et damnum et lucrum cum domino fundi partitur.*

Il faut remarquer que la phrase sur laquelle on s'appuie ne dit pas que le colonage partiaire est un contrat de société ; Gaïus, au contraire, déclare que, dans le cas cité, le colonage partiaire ressemble au contrat de société, *quasi societatis jure ;* du reste le mot *quasi* serait un non-sens si le colonage était une véritable association.

2° Le métayage rentre bien dans le cadre établi par l'article 1832 C. civ. : « La société est un contrat par lequel deux ou plusieurs personnes conviennent de mettre quelque chose en commun, dans la vue de partager le bénéfice qui pourra en résulter. »

Pour qu'il existe une société, il faut qu'il y ait l'intention de s'associer, l'*affectio societatis*. Sans aucun doute cette *affectio societatis* n'existait ni à Rome, ni au moyen âge. Le riche patricien, les seigneurs et les abbés ne traitaient pas d'égal à égal avec leurs colons ; ils leur imposaient leur volonté plus souvent qu'ils ne demandaient leur avis. Aujourd'hui encore le propriétaire peut forcer le métayer à suivre ses ordres, mais, sans doute, il ne recourra, envers lui, à ce dernier procédé que quand il aura épuisé tout moyen de le convaincre et de le persuader. L'article 77 des *Usa-*

ges Ruraux de l'arrondissement de Laval, faisant application de l'article 5 de la loi de 1889, dit formellement : « Le propriétaire a le droit de diriger les opérations, en général, de la ferme à colonie partiaire et de surveiller l'exécution des travaux. Le choix des animaux à vendre, acheter ou échanger, lui appartient donc exclusivement... ».

Il est de l'essence du contrat de société que chaque associé ait à supporter sa part dans les pertes ; or dans le contrat de métayage, si le bailleur est exposé à ne retirer qu'une faible portion des fruits et à n'obtenir que de modiques bénéfices, il ne court cependant aucun risque de perte, dans le sens attribué à ce terme en matière de société.

Dans toute société, chaque associé est tenu pour sa part et portion des engagements contractés par l'associé administrateur, dans les limites de son pouvoir d'administration. Or le propriétaire ne peut être recherché en raison des engagements que le métayer a contractés, de même que celui-ci n'est pas obligé par toutes les conventions passées avec un tiers par son bailleur.

Le métayage est un contrat sui generis.

Des lignes qui précèdent, il ressort clairement que le métayage n'est ni un louage, ni une société. Si cependant on ne peut lui reconnaître ce caractère, on ne saurait nier que, par plus d'un point, il ressemble à chacun de ces contrats. Million, rapporteur à la

Chambre, du projet qui devait devenir la loi du 18 juillet 1889, exprimait ainsi cette idée : « Il est assez inutile de s'arrêter à discuter cette pure question de doctrine de savoir si le contrat de culture à part de fruits est un fermage ou une société : car ceux mêmes qui veulent voir un bail dans le contrat de métayage, sont obligés de convenir que c'est un bail d'une nature toute particulière, auquel ne s'appliquent pas toutes les règles du bail, mais d'autres dispositions dérivant de sa nature propre ; et que ceux qui pensent que c'est un contrat de société sont amenés à concéder que cette société ne ressemble pas aux autres et doit être régie par des prescriptions spéciales. Définir la nature du colonage partiaire est donc d'utilité secondaire. Ce qu'il importe avant tout c'est d'établir une loi qui, combinée avec quelques dispositions déjà existantes du Code civil, se suffise à elle-même (1). »

Le rapport de M. Clément au Sénat n'était pas moins explicite : « La loi nouvelle a pour but précisément de déterminer les règles particulières au colonage partiaire et celles qui sont communes avec les baux ordinaires. Elle fait ressortir, par cela même, le caractère spécial de ce contrat et la différence qui existe entre le bail ordinaire et lui. Or ce caractère spécial et cette différence tiennent à ce que le colonage

1. Rapport à la Chambre des députés. *Journal officiel* du 27 juillet 1888, Annexes, p. 760.

partiaire participe à la fois, dans une mesure plus ou moins grande, du louage et de la société. On ne peut pas nier ce caractère mixte du contrat en présentant aux Chambres une loi qui en fait la base de ses prescriptions nouvelles (1). »

Enfin la commission de la Chambre des députés prenait bien soin d'indiquer que la loi proposée ne crée d'autre assimilation entre le colonage partiaire ou métayage et le fermage « que celle qui résulte des articles qui sont déclarés communs aux deux contrats » (2).

Si nous avons insisté un peu sur ce caractère spécial du métayage, c'est parce que certains auteurs, dont quelques-uns vont même jusqu'à refuser au législateur le droit de donner au métayage un caractère *sui generis* (3), n'en continuent pas moins à regarder le métayage comme un louage et à vouloir lui appliquer les règles de ce contrat toutes les fois que la loi de 1889 est muette sur un point. D'après les travaux préparatoires, il nous semble, au contraire, plus logi-

1. Rapport au Sénat, *Journal officiel*, 2 juin 1880, Annexes, p. 10-11.

2. Rapport de M. Million. *Loc. cit.*

3. « Quand le législateur refuse d'appliquer à un contrat son nom véritable, cela n'en change pas la nature et n'empêche pas ce contrat de continuer à le mériter, ni les gens de le lui donner. Il ne faut pas que le législateur se fasse illusion sur sa puissance, il y a des choses qui ne dépendent pas de lui, et la nature des actes juridiques est au-dessus de ses atteintes, c'est la matière première ; la forme seule vient de lui ». Planiol, *Revue critique*, 1890, p, 342.

que, en cas de difficulté et de silence des textes, de s'en rapporter à l'usage des lieux, ce qu'indique le législateur de 1889, et aux principes qui régissent les conventions en général.

Après ces considérations, il ne nous reste plus qu'à définir le métayage. D'après l'article 1er de la loi du 18 juillet 1889, le bail à colonat partiaire ou métayage est le contrat par lequel le possesseur d'un héritage rural le remet pour un certain temps à un preneur qui s'engage à le cultiver, sous la condition d'en partager les produits avec le bailleur. Cette définition a le mérite d'employer le mot possesseur et non propriétaire, parce que celui-ci n'est pas seul à pouvoir user du contrat de métayage. Le fermier général n'est-il pas libre, par exemple, de placer un métayer sur les terres qu'il a affermées. Par contre, elle a le tort de ne pas être complète ; elle laisse dans l'ombre le travail de direction du bailleur, ce qui est un des côtés les plus intéressants du métayage. Pour savoir ce qu'est le métayage, d'après le législateur de 1889, il faut compléter l'article 1er par le reste de la loi. Faut-il lui en faire un reproche ? L'indécision juridique dans laquelle fonctionne cette institution, et que nous avons aperçue en traitant de son caractère *sui generis*, les variétés de détail qu'elle revêt d'une province à une autre, semblent détruire la possibilité de réunir tous ses caractères dans une bonne définition. Les auteurs, imitant en cela la loi de 1889, se sont, pour la plupart, servi de longues périphrases pour dire ce qu'était le métayage ; avec raison ils n'en ont pas donné de brèves définitions.

Voici comment s'exprime M. de Tourdonnet, dans son Rapport sur la *Situation du métayage en France* (1) : « Le métayage est un contrat par lequel le propriétaire, qui fournit le capital d'exploitation, se réserve la haute direction et la surveillance, et par lequel l'exploitant, qui apporte les bras et la force, exécute le travail, sous condition mutuelle que les produits éventuels seront partagés par moitié entre les deux contractants ». Puis il explique comment ce contrat prend naissance : « Un propriétaire possède un domaine, il ne veut pas l'exploiter lui-même, mais il ne veut pas se désintéresser complètement de la gestion, en l'abandonnant, moyennant une rente fixe, à un fermier, qui, jouissant de sa pleine liberté d'action, ne recevrait ni son impulsion, ni son avis sur les actes imprévus de l'administration culturale ; il cherche en conséquence un exploitant plus simple, plus docile, plus dans la main comme on dit, il avise un travailleur de bonne volonté et le prend pour métayer. »

Et M. Pichon (2) se servait de ces termes qui sont le complément, au point de vue social, de ceux que

1. *Situation du métayage en France.* Rapport sur l'enquête ouverte par la Société des Agriculteurs de France. Paris, Imprimerie de la Société de Typographie, 1879-1880.

2. Cette définition de M. Pichon, juge à Périgueux, est citée par M. de Larminat dans son livre : *Le métayage dans le département de l'Allier.* Moulins, Ducroux et Gougeon Dulac, 1880, p. 17.

nous venons de citer : « Le métayage, c'est le principe de l'association appliqué dans toute sa vérité et dans toute sa simplicité à l'agriculture ; c'est l'association du travail, du capital et de l'intelligence ; c'est la pratique et la théorie s'éclairant et se complétant l'une par l'autre ; c'est l'émulation de l'ouvrier travaillant sous l'œil du maître ; c'est le cultivateur s'attachant au sol ; c'est la légitime et salutaire influence du propriétaire sur le cultivateur ; c'est enfin un lien de solidarité entre le présent et l'avenir. »

CHAPITRE PREMIER

HISTORIQUE DU MÉTAYAGE JUSQU'AU XIVe SIÈCLE

Le métayage est l'un des plus anciens modes de faire-valoir ; son origine remonte aux premières pages de l'humanité. Quand la propriété individuelle se substitua à la propriété collective, le propriétaire exploita le sol lui-même avec l'aide de ses enfants, puis de ses esclaves. Mais quand celui-ci, forcé par la maladie ou les circonstances, fut incapable de donner à la terre le travail qu'elle exige, quand il se vit contraint de renoncer à diriger lui-même l'exploitation de ses domaines, il dut chercher à remplacer le faire-valoir direct par une autre institution. Il ne pouvait avoir recours au fermage à prix d'argent, la monnaie n'existait pas encore ; tout naturellement devait alors se présenter à lui le colonage partiaire qui, tout en permettant l'emploi de mercenaires, devait lui conserver la haute direction de l'entreprise.

Il ne faut donc pas s'étonner de trouver des traces de colonage partiaire chez la plupart des peuples de l'antiquité. Des auteurs, comme M. L. Rérolle (1), se sont livrés à cette étude difficile, car les textes, pour une telle recherche, sont peu nombreux et peu explicites. Ils ont constaté qu'il existait chez les Hébreux et chez les Grecs ; nous ne les suivrons pas dans cette longue étude qui ne se rattache que de trop loin à notre sujet. Nous voulons seulement noter l'importance du colonage partiaire à Rome, parce que les textes sont plus précis et moins sujets à controverse, parce que surtout la conquête romaine s'est étendue jusque sur les Gaules.

Le peuple romain fut, avant tout, un peuple d'agriculteurs. Aux débuts de Rome, la culture de la terre constitue à elle seule l'élément de la fortune ; pas de commerce, pas de lointaines expéditions militaires. Le Romain de cet âge cultive lui-même son champ, aidé d'un ou de quelques esclaves et si la fortune l'appelle aux pouvoirs publics, il retourne, à la fin de sa mission, reprendre les bras de sa charrue.

Cependant les succès des armes romaines, reculent au loin les frontières et font tomber aux mains des citoyens, avec les riches dépouilles des peuples vaincus, de vastes et fertiles territoires. La vie politique

1. *Le colonage partiaire en Droit romain et en Droit français*. Lyon, Imprimerie du Salut Public, 1888.

se concentre à Rome ; les riches patriciens abandonnent leur villa ; ils en confient l'administration à un intendant qui est toujours un esclave, le villicus. Mais à mesure que l'étendue de ces domaines augmente, le désintéressement des maîtres entraîne leur dépérissement.

Pour enrayer le mal, une loi Licinia interdit à chaque citoyen d'employer plus d'un certain nombre d'esclaves. Les propriétaires durent alors avoir recours aux hommes libres pour cultiver leurs terres et ils partagèrent avec eux les produits du sol. Dès lors le colonage partiaire existait à Rome.

Parmi les écrivains latins, Caton, le premier, dans son *de Re Rustica* (1), en l'an 600 de Rome, fait mention de ce mode de tenure. Il ne nous le montre pas comme un système d'amodiation nouveau, cependant il avait dû naître peu de temps avant lui. « Le propriétaire, dit-il, doit surveiller d'une façon sévère les vignes, les terres, les arbres et les cultures qu'il laisse au métayage. Il doit abandonner au colon le foin et les fourrages nécessaires à l'entretien des bœufs que réclament les travaux. Tout le reste doit être partagé sans distinction. »

Ce contrat dut être cependant à Rome d'une application peu fréquente, car Varron et Columelle y font à peine allusion. Cependant il ne faudrait pas s'étonner outre mesure du peu d'attention qu'apportaient

1. Chap. 130.

ces deux auteurs au colonage partiaire Varron nous dit qu'il écrit un traité très bref destiné au propriétaire exploitant par lui-même ou à l'aide d'un villicus ; c'est ainsi qu'il ne parle du fermage que d'une façon tout à fait incidente. Le silence de Columelle est plus étonnant, mais on ne saurait admettre qu'il ignorait un mode d'exploitation si en honneur au temps où il vivait, n'était-il pas contemporain de Pline le Jeune.

Or nous avons conservé de ce dernier auteur une lettre des plus intéressantes sur le sujet qui nous occupe. Pline était riche et possédait notamment de vastes domaines dans la Gaule Cisalpine. Il avait confié ses terres à des fermiers qui ne le payaient pas ou qui le payaient mal, aussi dut-il prendre le parti de changer le mode de faire valoir ses domaines. Il écrivait à son ami Paulin :

« Je suis retenu ici par la nécessité de trouver des fermiers. Il s'agit de mettre des terres en valeur pour longtemps, et de changer tout le plan de leur régie, car les cinq dernières années, mes fermiers sont demeurés fort en reste, malgré les grandes remises que je leur ai faites. De là vient que la plupart négligent de diminuer leur dette, désespérant de pouvoir l'acquitter entièrement. Ils arrachent même et consument tout ce qui est déjà sur terre, persuadés que ce ne serait pas pour eux qu'ils épargneraient. Il faut donc aller au-devant d'un désordre qui augmente tous les jours et y remédier. Le seul moyen de le faire est de ne pas affermer en argent, mais en nature et partager la récolte avec le fermier, et de préposer quelques-uns de nos gens pour avoir l'œil sur la culture des terres, pour exiger une part des fruits et pour les garder. D'ailleurs il n'est pas de revenu plus juste et plus agréable que celui qui nous vient de la fertilité de la terre, de la température de l'air et de l'ordre des saisons ; mais il faut, pour se l'assurer, des yeux vigilants et des bras en grand nombre (1). » Pline ne parle pas du colonage partiaire comme d'une institution nouvelle. Il le considère seulement comme le seul remède à la désolante pauvreté de son époque, comme la seule planche de salut.

L'exemple de Pline fut-il suivi par ses contemporains, la renaissance du colonat partiaire fut-elle très vive ? On ne saurait le dire, car les documents font défaut. Cependant les propriétaires avaient tout intérêt à se servir de ce système d'amodiation, il serait donc téméraire de croire qu'ils l'aient laissé de côté. Au contraire ils ont dû l'adopter avec empressement et la seule raison du silence des textes, c'est que l'agriculture n'est plus, comme dans les premiers siècles de Rome, une occupation nationale, l'unique source de fortune ; elle est tombée peu à peu en décadence.

Cette importance et cette expansion du colonage

1. C. Plinius secundus, Epistola ad Paullinum. Lib. IX, ch. 37, Traduction Pancouke.

partiaire n'a pu encore que s'accentuer à l'époque du Bas-Empire. La grande propriété se développe de plus en plus. Les immenses *latifundia* réclament une armée d'esclaves, or les esclaves n'existent plus. La terre devient inculte et cependant le fisc se montre de plus en plus exigeant. Les colons quittent la terre. L'Etat, prenant ombrage de ces tendances, attache le laboureur au sol, comme il avait attaché le curial à la curie. En principe et en droit, le colon est encore un homme libre, mais en fait il n'occupe plus qu'une situation intermédiaire entre celle des hommes libres et celle des esclaves.

Comme les hommes libres, il conserve la jouissance et l'exercice de tous ses droits civils ; il peut contracter de justes noces sans l'autorisation du maître ; il a une famille, il peut recueillir une succession, tester, contracter avec des tiers. Il possède une habitation séparée. Il cultive isolément et à son gré le lot de terre qu'on lui a confié et les profits qu'il en retire lui appartiennent, moyennant pour le maître une certaine redevance, variable d'une terre à l'autre et dont il devra s'acquitter tantôt en argent, tantôt en fruits, tantôt en argent et en fruits.

Mais comme les esclaves, il fera désormais partie intégrante, avec ses descendants, du domaine dont on lui a concédé l'exploitation. Il ne pourra plus, par aucun moyen, changer cette condition. S'il cherche à rompre ses liens, il sera, à l'exemple de l'esclave fugitif, réputé coupable du vol de soi-même, ramené tant lui que ses enfants, au fonds qu'il a illicitement abandonné et soumis aux redevances des gens de sa condition, sans pouvoir jamais s'en affranchir, car l'affranchissement a pour but de conférer la qualité d'homme libre, or il la possède déjà.

Cette rapide esquisse du métayage à Rome était utile pour pouvoir se rendre compte de toute l'importance de la période gallo-romaine sur notre région.

Les Diablintes, qui occupaient le territoire qui devait un jour devenir le département de la Mayenne, furent soumis par Jules César lors de sa deuxième campagne et ils firent dès lors partie de la Troisième Lyonnaise. Ce fut une brillante période pour ce pays. Qu'il nous suffise de jeter un coup d'œil sur ce qu'était alors Nœodunum, aujourd'hui Jublains, avec son temple entouré d'une vaste enceinte, avec son théâtre de 70 mètres de diamètre, avec ses thermes, avec son aqueduc, avec ses luxueuses habitations (1). Le pays était sillonné de belles et larges voies. L'une d'elles, du Mans à Rennes, par Nœodunum, se prolongeait par Rubricaire, Vagoritum, passait la Jouanne à Parrenay (Pas rennais). La station gallo-romaine d'Entrammes était placée sur cette voie et servait à la protéger (2). « La domination romaine, écrit le baron de Wismes (3), ne

1. Abbé A. Angot, *Dictionnaire historique, topographique et biographique de la Mayenne*. Laval, Goupil, 1900, vol. 2, p. 505.

2. De la Beaulùere. *Notice sur Entrammes*.

3. *Le Maine et l'Anjou historiques, archéologiques et pittoresques*. Nantes, Vincent Forest et Emile Grimaud, vol. 1, p. XXIII.

put s'exercer pendant quatre siècles, sans altérer, d'une manière notable, les mœurs de ses habitants. L'idiome des Gaulois fit place à la langue des vainqueurs, qui aspiraient aussi à faire régner dans cette province de l'Empire les lois de la Métropole. » Il est donc naturel de supposer que le colonat fit alors son apparition sur notre territoire.

L'invasion des barbares ne devait lui apporter que peu de modifications et respecter cette institution comme elle l'avait fait pour les autres coutumes romaines. C'est en effet une nécessité qui s'impose aux vainqueurs de laisser aux vaincus leurs lois, toutes les fois que la conquête juxtapose deux races trop différentes par le degré et la forme de la civilisation. C'était là une nécessité d'autant plus impérieuse pour les barbares que la loi romaine était fort supérieure aux coutumes germaniques. Les envahisseurs amenèrent avec eux leurs esclaves, mais comme ces derniers avaient été exclusivement employés à la culture des terres, ils furent assimilés promptement aux colons d'origine romaine. La fusion s'opéra plus tard entre eux, ils devinrent tous serfs.

La propriété tendait à se concentrer en quelques mains et les grands domaines s'accroissaient de plus en plus en nombre et en étendue. Le petit propriétaire, accablé sous les charges trop lourdes des services personnels et des réquisitions, fuyant l'insécurité qui résultait de l'anarchie et de la faiblesse du pouvoir, recherchait la protection d'un puissant ; il lui donnait sa parcelle de terre en toute propriété, mais à condition que celui-ci lui en rendît la jouissance et la lui garantît jusqu'à la fin de ses jours. Il perdait un droit de propriété fort compromis mais il acquérait un usufruit assuré ; la *precaria* n'était qu'une des formes à laquelle donnait lieu cette recommandation.

Les terres des seigneurs et des abbayes se trouvaient alors divisées en deux parties. C'était d'une part l'ensemble des terres seigneuriales, le *dominicum* ou *indominicata tera*, qui était administré par les seigneurs, les moines ou leurs officiers et dont ils percevaient directement les fruits, c'était d'autre part l'ensemble des tenures, formant de petites fermes appelées manses, distribuées entre des personnes de basse condition : colons, lides ou serfs. Ceux-ci étaient tenus à des redevances de deux sortes ; les unes étaient payables en nature ou en argent, les autres consistaient en services corporels. Les biens qui les attachaient au seigneur étaient réels et non personnels ; c'était la terre qui devait plutôt que l'homme.

Ce n'est qu'au IXe siècle que nous trouvons dans notre pays les premières mentions d'établissement agricole. Vers l'année 830, siégeait au Mans l'évêque Aldric. Il avait beaucoup ajouté aux revenus de l'Eglise cathédrale de cette ville. A l'époque de son testament (1), il possédait cent cinquante-deux fermes

1. En l'année 837.

ou maisons d'exploitation rurale (1). On y trouvait des troupeaux de chevaux, de bœufs, de vaches, de porcs, de moutons et de chèvres (2).

Sur les bords de la Mayenne, probablement sur le terrain compris entre cette rivière et Barbé (3), près du lieu où devait s'élever Laval (4), il fonda une exploitation rurale dans les landes de Bootz (5). C'est le seul établissement qu'il créa dans notre région. Les

1. Dans un fragment de polyptyque, un peu postérieur au testament de l'évêque Aldric, énumérant les différentes terres de l'Eglise cathédrale du Mans, on compte cent quatre-vingt-deux exploitations.

2. « Greges jumentorum una cum eorum amissariis et boum utriusque generis, seu porcorum et ovium atque caprarum. » Des termes analogues à ceux-ci se trouvent répétés à propos de chacune des maisons d'exploitation rurale de l'évêque, dans son « testamentum domni Aldrici » (Institut des provinces de France. Mémoires, 2e série. Tome premier. *Géographie ancienne du diocèse du Mans*, par Th. Cauvin. Paris, Derache, 1845. *Instrumenta*, p. LXI).

3. Cauvin, *loc. cit.*, p. 68.

4. Dom Michel qui s'appuie sur une charte du xe siècle, contenant que Hugues, comte du Maine, donne à main ferme « duas villas, unam quæ dicitur Laval et aliam quæ Coldrico dicitur », situées sur la Mayenne, conclut que Laval, vers l'an 900, n'avait encore que quelques habitations rurales et ne formait qu'un domaine susceptible d'être confié à un seul colon (abbé Angot, *loc. cit.*).

5. « Commemoratio de mansionilibus et novalibus quæ præfatus Aldricus Cenonanicæ urbis episcopus ad utilitatem sanctæ Dei Ecclesiæ suorumque servorum et sustentationem pauperum sive omnium indigentium atque supplementium sibi famulantium, et ad alenda sive nutrienda omnis generis pecora construere et extirpare studuit.

... fecit mansionilia... in Bosingas unum .. (Cauvin, *loc. cit.*, p. LVIII).

rives de la Mayenne, de l'Ernée, du Vicoin, du Colmont, de l'Ouette, de la Jouanne étaient encore dépourvues presque entièrement de colonies agricoles. Ces marches de Bretagne étaient trop souvent exposées aux ravages de leurs indomptables voisins pour offrir un séjour assuré à de paisibles cultivateurs. Le nombre des terres désertes et incultes était immense; les laboureurs, les propriétaires mêmes manquaient souvent au sol. De vastes solitudes, couvertes de forêts et remplies de marécages, s'étendaient dans presque toutes les directions.

Quel mode de faire-valoir employait l'évêque Aldric pour faire prospérer ses vastes exploitations ? Les textes ne nous l'apprennent pas. Nous savons seulement que, sur plusieurs domaines, l'évêque Aldric avait fait de si grandes améliorations qu'il les avait créés et de terres de nulle valeur il en avait fait de riches propriétés (1). Aurait-il pu obtenir un si brillant résultat par le fermage ? Nous doutons fort que ce mode de tenure ait pu jamais produire pareille merveille en si peu de temps. Aurait-il atteint ce but par le faire-valoir direct ? Evidemment oui, car rien ne vaut la direction constante du maître pour trans-

1. « Ego autem in toto episcopio non inveni viginti jumenta. Modo Deo gratias septem ei relinquo greges, una cum eorum amissariis ; neque in toto episcopio nobis commisso ex omnibus pecoribus et pecudibus tantum inveni quantum modo Domino auxiliante in una ex supra dictis villulis relinquo ex his quæ meo pretio comparavi et meo labore acquisivi. » (Testamentum domni Aldrici) (Cauvin, *loc. cit.*, p. LXI).

former rapidement une terre. Mais, dans le cas qui nous occupe, un évêque, outre les devoirs de son ministère, pouvait-il surveiller par lui-même cent cinquante-deux exploitations ? Il nous semble que le colonage n'est peut-être pas étranger à cette transformation. Dom Piolin, qui, dans son *Histoire de l'Eglise du Mans* (1), étudie le sujet qui nous intéresse, désigne sous le nom de métairies ces établissements agricoles, mais cette expression revêt un sens si vague (2), que nous ne saurions pas plus en tirer une conclusion que du mot *mansionilia* que nous avons noté dans les textes. Mais il ne faut pas oublier que sur d'autres terres, dépendant de l'Eglise, le colonage partiaire était alors en usage. Le polyptyque de l'abbaye de Saint-Germain-des-Prés et celui de Saint-Rémi-de-

1. Paris, Julien Lanier et Cie, 1854, vol. II, p. 232.

2. Nous ne tenons pas compte du mot métairie que nous trouvons mentionné ici dans dom Piolin, parce que, comme nous l'apprend Pasquier, dans ses *Recherches sur la France*, on n'établissait aucune distinction entre les divers preneurs de biens ruraux : « que l'on baille en argent ou en bled ou à moitié, nous les appelons tous métayers ». Nous avons maintes fois fait la même constatation dans la Mayenne. Nous n'en citerons que deux exemples de dates fort différentes. Le premier, extrait d'un acte sous seing privé (Certaines mises pour Madame d'Olivet), remonte à l'année 1339, le second extrait d'une minute de notaire, à l'année 1725 : « Nous baillâmes à Goujon nostre autre metayrie dou Bouais Morin, à Nouel, l'an XXXIX, à ferme jouques à VI ans. » — « Lequel a baillé à titre de ferme et promis garantie... le lieu et métairie de la Graverie ». Remarque plus extraordinaire, l'art. 1821 C. civ. porte : ce cheptel (aussi appelé cheptel de fer) est celui par lequel le propriétaire d'une métairie la donne à ferme...

Reims nous en offrent l'exemple et nous permettent de nous rendre compte de ce qu'était alors le colonage partiaire.

Les polyptyques étaient la description des divers domaines d'un même propriétaire ; ils contenaien l'étendue de la partie réservée au maître, la nature des terres en champs, vignes, prés, bois ; la contenance de chaque manse, le nom de chaque tenancier et les services auxquels il était tenu. Celui de Saint-Germain-des-Prés fut rédigé, sous l'administration de l'abbé Irminon, dans les dernières années du règne de Charlemagne et celui de Saint-Remi-de-Reims, un peu postérieur, sous l'apostolat d'Hincmar (1).

Le colonage partiaire donnait-il alors lieu à contrat ? Il est probable que chaque manse avait ses usages et ses coutumes ; le concessionnaire devait telle rede-

1. Archevêque de Reims, mort en 882. Il faut remarquer que nous n'avons, datant de cette époque, que des documents insignifiants sur l'exploitation des domaines des seigneurs. Pour ceux-ci, la terre était un moyen de puissance, plutôt qu'un moyen de subsistance. Ils n'avaient qu'un but : augmenter leur territoire pour accroître la terreur qu'ils inspiraient et affermir leur autorité. Fertiliser le sol qui leur appartenait, c'eût été attirer chez eux, par l'appât du pillage, leurs rivaux avides ; ils se souciaient donc peu de la culture. Nous avons cependant un texte de l'année 819 concernant la donation d'un manoir faite par Haganon à l'abbaye Saint-Martin de Tours : « Je donne à l'abbé Friedegies notre manoir seigneurial avec les hommes qui demeurent là et que nous y avons établis pour y vivre comme des colons, et nous ordonnons que ces hommes cultiveront la terre. les vignes et toutes choses à mi-fruits et qu'on ne leur demandera rien de plus, et qu'après, ils n'auront point de trouble à souffrir. »

vance, quel qu'il fût, et quand un nouvel exploitant lui succédait, il devait subir les conditions attachées au fonds sans discussion. Du reste ces conditions, une fois stipulées, ne pouvaient plus être modifiées. Les rois et les évêques le défendaient. Nous ne saurions donc voir dans le colonage, tel que nous le présentent les polyptyques, un véritable métayage. Nous ne sommes pas en présence d'un contrat conclu entre deux personnes libres discutant librement les conditions d'un bail et en fixant la durée à un nombre déterminé d'années.

Sur 1.646 exploitations que possédait au moins l'abbaye de Saint-Germain-des-Prés, une dizaine seulement, toutes situées dans une même région, l'Hiemois, étaient aux mains de cultivateurs à part de fruits. Sur celles-ci les cultivateurs travaillaient, en général, « ad medietatem (1) », mais quelques-uns étaient tenus à des conditions spéciales. Parfois le laboureur pouvait s'acquitter à volonté en nature ou en argent : « aut arat illum ad medietatem, aut solvit solidos II » ; parfois, outre la moitié des revenus, il devait une prestation colonique en argent ; parfois, outre cette prestation, il devait encore des poules et des œufs : « Arat ipsam ad medietatem, solvit denarios III, pullos et ova (2). »

1. Breve de centena Carbonensi nos 10, 26, 31, 32. Dans le polyptyque de Saint-Remi, le colon travaille la vigne « ad tertium », le propriétaire conserve donc les deux tiers pour lui : III 3, IV 2, VII 5.

2. Breve de centena Carbonensi nos 27, 33

Une obligation importante pour le laboureur et qui s'est fait jour au VIIe siècle est celle d'accomplir pour le maître un certain nombre de journées de travail, des corvées : « facit omne servitium sibi injunctum » — « facit manopera in prato, in messe, vel ubicumque necessitas fuerit » (1). Cette clause devait être, de la part du maître, la source de nombreuses exactions.

Jusqu'ici nous n'avons pu encore constater l'existence, d'une façon certaine, du colonage partiaire dans le Bas-Maine. Il faut attendre le début du XIIe siècle pour trouver un document qui nous renseigne sur ce sujet. Dans le cartulaire de la Roë (2) nous lisons en effet qu'un certain Renaud de la Roche avait donné en dot à sa fille le bordage de Belière, depuis longtemps sans culture faute de métayers. Pour en tirer parti, il fut convenu avec l'abbé de la Roë, Michel, que les religieux défricheraient entièrement la métairie,

1. Polyptyque de Saint-Remi. III 3, XXIII 2.

2. Fol. 43. LXXVII. De Gaufrido Peleit et uxore ejus filia Raginaldi de Rupe.

« Raginaldus de Rupe dedit in matrimonio Gaufrido Peleit cum filia sua bordagium de Beleria, quod ipsi nunquam potuerunt excolere quia diu desertum erat. Quapropter locuti sunt cum Michaele tunc illius patrie priori, insimul concordaverunt ut Michael illud totum bordagium disrumperet et usque ad septem annos excoloret, ita ut Gaufridus dimidium annone in sua parte usque ad terminum haberet et tunc in duas partes diviserunt, una quarum, quam Michael eligeret, ecclesie de Rota et Canonicis ab Gaufrido et uxore sua in elemosina perpetuo possidenda remaneret (*Archives de la Mayenne*, H1). »

qu'ils en partageraient les revenus pendant sept ans, après lesquels il serait fait deux parts de terres, dont une, au choix de l'abbé, resterait, comme aumône, en toute propriété à l'abbaye. Par ailleurs, nous trouvons plusieurs fois répété les mots *meditarii*, *ad medietatem*, ce qui démontre que la culture à moitié fruits était déjà usitée dans notre région à cette époque, mais elle n'est encore que la clause accessoire d'une donation ou concession d'un fonds au profit de l'abbaye : le concédant conserve la moitié des fruits à charge de travail sous la direction du monastère qui en retour promet sa protection et ses prières. En donnant à moitié les abbés de la Roë fournissaient ordinairement une paire de bœufs du prix de 30 à 40 sous (1).

1. LXXI. « De Odone Guermart et uxore ejus.
« ... et promiserunt ei ut suam medietatem illius terre que ei remanebat medietati excolerent.
C. « Carta de Johanne Meditario et uxore ejus, filia Frolandi. Johannes Meditarius et uxor ejus filia Frolandi et filia ipsorum dederunt se ecclesie sancte Marie de Rota et medietatem tocius sui feodi quod tenebant de Affricano Torigneio in elemosina tenendum. Quapropter Michael tunc abbas dedit eis duos boves de precio XL solidorum, ad excolendam communiter supra dictam inter se et eos et recepit eos in fratres... Huic dono accrevit Affricanus tres minetas terre eidem contiguas, quas concessit Jaquelina uxor ejus et Isembart filius ejus, quibus abbas dedit III solidos pro concessu, Jaqueline II solidos, Isembart XII denarios, audientibus : Bernardo Barbato, Johanne supradicto. Hoc factum est tali pacto ut abbas habeat medietatem tocius annone quam Johannes poterit lucrari ubicumque lucretur...
CIX. « Carta de Hasis de Trineio.
« ... Michael abbas recepit eos in beneficio ecclesie et dedit eis

Si ce mode de tenure n'est pas encore le métayage, il en est tout au moins une forme primitive, du reste nous n'aurons plus longtemps à attendre pour le voir se transformer et se perfectionner.

dimidiam partem duorum bovum de precio XXX solidorum, quos tradidit eis ad excolendam supra dictam terram ita ut ipse in sua propria terra dimidiam partem caperet...

CX.

« ... Quapropter Michael abbas... tradidit Menardo unum bovem ad colendam communem terram ad medietatem...

CXXIV. « De Affustardis et Esgare et Raginaldo Charuel et Rosseria.

« .. Hoc etiam concesserunt abbas et canonici quod Esgare supradictum feodum inter se et eos totum ad medietatem, quamdiu eis placuerit, excoleret...

CXLIII. « De Johanne de Puchon.

« Johannes de Puchon dedit absolute in elemosina ecclesie sancte Marie de Rota et canonicis unam sextariam terre juxta terram suam de Belaria. Dedit etiam suum proprium herbergamentum tali pacto videlicet ut ipse Johannes coleret ipsam sextariam inter se et abbatem ad medietatem et de omni altera sua terra caperet abbas terciam partem et de serviciis dominorum feodi redderet terciam partem vel si vellet abbas quartam partem de feodo Johannis caperet sine aliquo servitio. Abbas vero traderet Johanni duos boves dum ipse communiter ita ut dictum est, terram suam coleret... »

CHAPITRE II

LE MÉTAYAGE AU XIVe ET AU XVe SIÈCLES

Nous voulons consacrer un chapitre spécial à l'étude du métayage au XIVe et au XVe siècles, parce que, nous sommes arrivés à une époque à laquelle ce contrat revêt une forme, sinon définitive, du moins assez parfaite. Nombreux sont les usages encore appliqués aujourd'hui dans la Mayenne qui remontent, par leur origine, à cette date reculée.

A la différence d'autres provinces (1) dans lesquelles

1. « Mais jusqu'au XVe siècle, peu ou pas de documents se rattachant d'une manière spéciale au Limousin ». « Pour porter un tel jugement, il faudrait que le temps nous eût conservé les contrats passés par les particuliers, or cette source de documents fait défaut pour cette époque. Nous n'avons de tels contrats qu'à partir du XVe siècle ». Benoit Clappier. *Le métayage particulièrement en Limousin*. Poitiers. Société française d'imprimerie et de librairie 1899, p. 5 et 13.

les documents font plus ou moins défaut pour l'étude du métayage au XIVe siècle, nous avons pour le Bas-Maine un précieux document.

Ce manuscrit (1) est intitulé : *Certaines mises pour Madame d'Olivet.* C'est un volumineux rouleau de parchemin de 9 m. 50 de long sur 0 m. 25. Il a été écrit de 1335 à 1342 et contient une série de baux et de comptes de métairies dépendantes du comté de Laval.

Olivet était, au moyen âge, le siège d'une châtellenie comprenant les fiefs du Genest, près Loiron, de Mondon, près Changé et du Tertre. Mme d'Olivet, née Eustache de Beauçay, dame de Benais, était la femme d'André de Laval.

Ce rouleau a la plus haute importance pour savoir ce que fut le métayage dans l'arrondissement de Laval au XIVe siècle, car il donne sur cette question des détails nombreux et variés et nous permet de nous rendre un compte assez exact de ce qu'il faut comprendre alors par contrat de métayage. C'est dans ce texte que nous avons puisé les différents renseignements qui vont suivre.

Pour montrer d'abord en quoi peut consister un bail

1. M. André Joubert a publié et commenté de nombreux extraits de ce manuscrit sous le titre : *La vie agricole dans le Haut-Maine au XIVe siècle*, d'après le rouleau inédit de Mme d'Olivet (Mamers, Fleury et Dangin, 1886). Nous avons eu nous mêmes entre les mains, grâce à l'extrême obligeance de M. J.-M. Richard, conseiller général de la Mayenne, une copie de cette pièce.

au XIVe siècle, nous citerons en entier celui de la métairie d'Ivron, commune de Meslay :

« Mil IIIcXXXVI. Le mercredi avant la Saint Valentin (1), l'an mil IIIcXXXVI, nous Eustaice de Beaucey, demme d'Olivet, baillâmes à Jouhan dou Boulley nostre mestaerie de Yvron, si comme elle se poursuit, ò (2) la mestaerie de la Chauvière e ò les terres que nous avons aquis environ, jouques à VI anz de la Touz Sainz darrain passée, à gaigner et à laborer e coitiver bien e léaument. E seron mestié à mestié des semences e des queilletes, e paera touz les devoirs deuz par resson des dictes chousses, sauf que les blez quil sont deuz de rente sur les dictes chousses seront paez sur le quemun moncel, c'est à savoir au seigneur de la Rochiere I septier à la mesure de Mel, item à Guillaume Joufroi VIII bouessx e III quarz, e à Jouhanin Champion VI bouessx.

« Item nous doit amener par chescun an I mui de vin de Benays à Olivet, e nous li devon donner boays à ses cherrues e à ses charrestes, e leira la metaerie garnie d'une chareste e d'une cherrue quant il s'en estra, e ara despenz soufessans pour luy e pour les bouviers qui iront ò luy ; e nous rendra chescun an I pot de burre bon e soufessanz.

« Item deit mener ledit mesteier, par chescune semainne une journée de la buche à nostre four de

1. 14 février.
2. ò avec.

Mel, e ara chescun jour IIII deniers; e quant il fera dous tours par jour, il ara VI deniers.

« E tendra la grange en estat e la nous y rendra en bon estat quand il s'en istra; e nous li feron l'autre meson, e il nous la rendra au chief dou terme en ausi bon pouint comme nous la li baudron.

« E ne tendra point d'aveir que de nous, e tendra ausi des oaes de nous.

« E leira en la darraine année les fains et les pailles amullonnez.

« E ara le pasturage des prez de la rivière de Yvron que nous eumes de (effacé) e de Patri, quant nos gains seront fauchiez jouques à la mé février.

« E ne pourra mener nos avoirs en cherrey plus de quatre tours, à Sainct-Denis d'Anjou ney ailloux, sanz nostre congié. »

La durée des baux, toujours courte, est assez variable. Sur un ensemble de 9 baux 3 étaient faits pour 9 ans, 4 pour 6 ans, 1 pour 4 ans et 1 pour 3 ans (1).

L'entrée des métayers, sur les terres, a lieu en général à la « Touz Sainz », cependant nous voyons que le bail de Caharel commence « à la sainct Michel en

1. Baux de 9 ans. Ce sont ceux de la Clardière en 1335, de Baudri, de la Tissonnière en 1341.

Baux de 6 ans. Ce sont ceux du Cloux de Gérigné en 1341, de la Chauvière en 1336, de Caharel en 1339, de la Tissonnière en 1335.

Bail de 4 ans. C'est celui de Caharel en 1336.

Bail de 3 ans. C'est celui du Cloux de Gérigné en 1339.

Monte Gargaynne (1), l'an mil III^{c} trente et seys » et que celui de la Cheroche part de « la Concepcion Nostre Dame. » Il faut remarquer que, dans ce dernier cas, il s'agit d'une terre que Mme d'Olivet venait d'acheter. Il semble donc que le terme de la Toussaint est d'un usage presque absolu ; nous en tiendrons compte dans l'étude qui va suivre.

Les baux que nous trouvons dans le rouleau de Madame d'Olivet sont des baux sous seing privé ; on les appelle alors « letres, cedulle ou protocole » (2). Il est à noter que deux d'entre eux sont faits en présence de témoins ; ce sont ceux de la Clardière en 1335 et du Cloux de Gérigné en 1339. Le premier porte : « Présenz à ce Moussour Jouffroy Coton, Regnaut Auberi, Thomin Thomelet » et le second : « Présenz Monsour Pieres Parsagne de Combe Veille, Huet Boudet, Ernoult dous oays, Raoul et Jehan de Vendel, Russel Suplice, Symon Colas et sa feme le metaer d'Yvron. »

Par le contrat de métayage, le métayer se charge de « tenir, coutiver, laborer.... tant prez, herbergemenz (3), mesons, boais, haies, terres arables et toutes autres chouses, comment que il soient nommées (4). »

1. Montagne de la Pouille où l'archange Michel apparut le 8 mai, à l'évêque de Siponte.

2. Bail de la Clardière (1335).

3. Logement. Ces traductions sont, pour la plupart, extraites du livre de M. Joubert.

4. Bail de la Clardière (1335).

Si dans le voisinage de la métairie se trouve une forêt appartenant au bailleur, le preneur peut y faire pâturer ses bestiaux en dehors des taillis, excepté toutefois certaines époques de l'année où la permission est retirée (1).

Les granges contiennent les foins et fourrages nécessaires pour une année, proportionnellement au nombre des bestiaux (2). Les instruments, charrues, charrettes, etc., sont à sa disposition.

Une question difficile à trancher est celle de savoir par qui sont fournis les animaux. Il ne paraît pas y avoir, dans les « mises pour Madame d'Olivet » de règles fixes. Si dans tel passage de ce manuscrit le propriétaire semble donner au métayer, au début du bail, tous les bestiaux, ceux-ci, dans d'autres passages, sont achetés en partie par le propriétaire, en partie par le métayer. Ainsi nous lisons à propos de la métairie du Cloux (1341) :

« C'est les avairs qui furent baillés à Perrot Bruneau, metaier dou Cloux de Gérigné :

« Premier de beux, IIII, por XXIIII libvres de chatel (3).

1. Bail de Caharel (1336).
2. Bail de Baudri et du Cloux de Gérigné (1339).
3. Cheptel. L'expression cheptel a trait à un ensemble, à une agrégation de têtes de bétail livrées au preneur ou cheptelier, non pas *ut singuli*, comme animaux distincts les uns des autres, mais *ut universi*, c'est-à-dire en tant que formant un corps, dont la pérennité est indépendante de l'existence des individus qui le

« Item de vaches V et IIII veaux de l'an XL, por XVI libvres.

. . . .

« Somme de grous avairs, XVIII chieps (1). — Somme de chatel LX libvres.

« Item de grans brebiz XLIII chieps et I mouton.

« Item XXII aigneaux de l'an XL, de quoy il y a ouyt malles.

« Item de chastriz IX, qui aront dous anz à nessance des aigneaux, et un mouton de ceul aage.

« Somme LXXVI chieps, lesquels il doit rendre à chief (2).

« Remembrance qu'il a à chieps, ledit meteier, une truie et dous poairs et sunt à maitié. Item li fut baillé II oays et I jars.

composent (Bouisson et Turlin. *Traité théorique et pratique du métayage* Paris, Arthur Rousseau, 1897, p. 435).

On distingue : le cheptel simple ou ordinaire. le cheptel à moitié. le cheptel donné au fermier.

1° Le bail à cheptel simple est un contrat par lequel on donne à un autre des bestiaux à garder, nourrir et soigner, à condition que le preneur profitera de la moitié du croît et qu'il supportera aussi la moitié de le perte (art. 1804 C. civ.).

2° Le cheptel à moitié est une société dans laquelle chacun des contractants fournit la moitié des bestiaux qui demeurent communs pour le profit ou pour la perte (art. 1818 C. civ.).

3° Le cheptel donné au fermier (aussi appelé cheptel de fer) est celui par lequel le propriétaire d'une métairie la donne à ferme, à la charge qu'à l'expiration du bail, le fermier laissera des bestiaux d'une valeur égale au prix de l'estimation de ceux qu'il aura reçus (art. 1821 C. civ.).

1. Tête.

2. Fin. Terminaison.

Et ailleurs (1) :

« ne tendra point d'aveirs que de nous. »

Par contre le bail de Caharel (1336) contient la phrase suivante :

« Item les metayers tendront touz l'avoir que il tendront de nous à moitié, oultre le chateyl et poairs (2) et oays à moitié. »

Plus compliqué encore est le point de savoir comment sont fournis les moutons, les chèvres, les porcs, les oies. Tantôt, en effet, ils sont procurés pour le tout aux métayers par les bailleurs, tantôt ils sont acquis par moitié, tantôt enfin ils sont soumis à des conventions spéciales (3).

1. Bail de la Tissonnière (1335).

2. Porcs.

3. A. Ils sont fournis en entier par le propriétaire :

Voir plus haut le compte de la métairie du Cloux de Gérigné (1341).

Comptes de la métairie de la Choécière (1340) :

« Item li fut baillé audit jour XXI chiex de brebiz qu'il nous rendra à chief, metié brebiz metié aigneaux ».

B. Ils sont fournis à moitié par le propriétaire, à moitié par le métayer :

Voir plus haut le bail de Caharel (1336).

Comptes de l'Engelerie (1336) :

« Item de brebiz meres XXVII et X chastriz et I mouton. Somme XXXVIII chies qui sunt metié entre nous et ledit meteier ».

C. Ils sont fournis selon des conventions spéciales :

Comptes de la Clardière (1335) :

« Item le jour desusdit ballaames audit Michot XXVII brebiz et I mouton et XXIII agneaux, desqueles bestes ledit Michot nous rendra à la seson XXXVI chies, et le remegnant sera departi maitié à maitié. Item ledit Michot a II trées pourceaines,

Le partage du croît des animaux et des produits de la terre se fait par moitié. Si la même règle s'étend aux volailles, poules, chapons et oies, Gervesse Guillemin n'est cependant obligé de donner chaque année que douze poussins.

Quelquefois le propriétaire reçoit une prestation colonique et prélève avant tout partage, une partie des produits. Ainsi Mme d'Olivet écrit, en 1337, que Mestivier, métayer à la Bussonnière « nous doit III septiers de dous anz pour l'aventage que nous devion chescun an prendre sur le quemunal » ; et dans un bail de la Choccière, nous lisons : « seront touz les blez maitié à maitié entre mademme et ledit Gervesse, sauf et excepté que mademme prendra par chescun au sus le commun moncel dous septiers de saigle. »

Les semences sont toujours à moitié.

Egalement à moitié se font les récoltes et battages du blé « chesqun pour sa part, comme acoutusmé est au païs (1). »

Il est vraisemblable que chacune des parties vend séparément ses grains. Nous n'avons en effet relevé dans les comptes de Mme d'Olivet qu'une seule mention concernant ce sujet. En 1337, à la Tissonnière,

III gores et I poair maalle de Marz et un an. Item dou Marz d'après IX, V femelles et IIII malles. Item XI de la Saint Jehan ensegant (suivant) : sus lesquiens poars nous devon prendre XX soulz avant que ledit Michot prenge rien et le remegnant sera moitié à moitié.

1. Bail de la Clardière (1335).

Lorens des Champs devait la somme de 20 livres 12 sous 3 deniers provenant, entre autres choses, de la vente des blés du propriétaire.

Ce sont les métayers qui profitent du beurre fait sur la terre, mais ils sont tenus d'en donner au propriétaire, tous les ans, un pot « bon et soufisant » ou « du pris de seis soulz. »

Le bailleur s'engage à laisser au preneur la jouissance complète du « courtil » (1) et à ne rien réclamer de ce qui pourra y croître. On y cultivait pourtant des roses pour faire guirlandes et chapeaux qui étaient souvent exigés comme redevances féodales.

Le bailleur s'oblige aussi à fournir au métayer le bois nécessaire pour construire ses charrues et charrettes et celui que réclame le chauffage de la ferme, si celui provenant des haies et qui est laissé à la disposition du colon n'est pas suffisant. Il doit encore donner tout le bois indispensable aux réparations des maisons et des enclos pour les blés.

On pourrait peut-être s'étonner aujourd'hui de voir les propriétaires du moyen âge disposer aussi facilement des arbres de leurs domaines. Il faut se reporter à cette époque. Le pays était couvert de vastes et nombreuses forêts. La vente des arbres isolés, épars sur les fermes, si même ils eussent trouvé acquéreur, n'aurait procuré que peu d'argent. Les bois eux-mêmes étaient considérés comme matière de si peu de valeur

1. Jardin.

que les seigneurs accordaient, pour de faibles sommes les droits de pacage, de panage, de bois mort et de mort bois (1). Dans plusieurs forêts, il était permis aux charroyeurs qui les traversaient et qui cassaient leurs essieux alors en bois ou leurs brancards d'y prendre les harts et les bois nécessaires pour les remplacer, à charge seulement de laisser les pièces brisées. Il faudrait voir, dans ces droits et dans ces véritables abus, l'une des principales causes de la disparition de nos forêts.

Par bail, le métayer s'engage à « bien et léaulment tenir et acomplir » (2) tout ce qu'il contient, il en fait le serment. Il doit cultiver convenablement la terre et faire tous les bons labours « qui doivent et apartenent estre faiz en bonne metairie et par temps convenable » (3).

Il promet de ne pas engager ses services envers une autre personne pendant le temps du bail. Jean du Coudray, qui avait enfreint cette règle en 1336, en labourant, sans la permission de Mme d'Olivet, un champ pour le prêtre de Meslay et qui avait touché pour ce travail trois setiers de froment, d'orge et d'avoine dut s'engager à partager dorénavant tous les gains qu'il réaliserait par de tels moyens avec son propriétaire.

1. Branche dont l'extrémité est sèche et qui bientôt séchera tout entière.

2. Bail du Cloux de Gérigné (1339).

3 Bail de la Clardière (1335).

Tous les biens du laboureur, et en particulier ceux qui garnissent la métairie sont garants de la bonne exécution des conventions (1). En cas de contestation, les « preudes homes » (2) sont juges.

Si le propriétaire s'occupe peu de ses terres et s'il se désintéresse de la direction de l'exploitation, ce qui était alors la règle générale, le laboureur n'est pas pour cela absolument libre de cultiver comme bon lui semble. Les baux (3) lui indiquent le nombre d'hectares qu'il doit mettre en blé et celui qu'il doit consacrer au seigle et à l'avoine. Inutile de dire que pareil mode de tenure, imposant de telles conditions, est extrêmement défavorable au progrès agricole ; c'est la routine réglementée et imposée.

Les réparations des maisons sont à la charge des preneurs. On leur donne les bâtiments en bon état, à eux de les y maintenir ; s'ils ont besoin de bois de charpente on le leur montre, à eux de le faire employer (4). Ils doivent entretenir les toitures. Les habitations de la campagne sont alors couvertes en chaume, sauf les quelques pays d'où l'on extrayait l'ardoise.

1. Bail de la Clardière (1335).
2. Bail du Cloux de Gérigné (1341).
3. Bail de la Tissonnière (1335) : « . . . baillames. . . à y labourer, coustiver et semer chescun an, autretant de blez comme les mestaiers qui par avant y ont esté y fé semé. . . ».
Bail de la Choecière (1340) : « . . . fera et labourera par chescun an áu moins deiz journeaulz de seigle et deiz journeaulz d'avaine. . . ».
4. Bail de Caharel (1339).

Les clôtures des champs de blé, les enclos pour les vignes (1) sont à leur charge. Ils doivent le faire « bien et diligemment comme metayer deyvent faire par droit (2). »

Ils s'engagent à pourvoir aux besoins des bouviers ; on peut même leur demander « II aunes de bureau (3) pour le pastor (4) et I setier de mouturenge (5) pour le gardaige (6) ».

Une des clauses des baux qui pèse le plus lourdement sur le laboureur et nuit à toute bonne culture, est celle qui a trait aux charrois. Il faut songer à ce que sont alors les routes et les chemins et se rappeler quels sont les véhicules en usage et les animaux employés en pareil cas pour pouvoir se rendre compte des charges que les propriétaires peuvent ainsi imposer à leurs métayers. Nous verrons dans les chapitres suivants, dans quel pitoyable état se trouvaient les voies de communication de la Mayenne au cours des XVIe, XVIIe et XVIIIe siècles, à plus forte raison doit-il être fort difficile de voyager à une époque où les seigneurs sont plus préoccupés de guerroyer que de

1. Ce n'est qu'au milieu du XVe siècle que le cidre fait son apparition dans ce pays et qu'à la place de la vigne on commença à cultiver des arbres fruitiers qui au dire de M. Couanier de Launay « donnent un bon cidre à la place d'un détestable vin ».
2. Bail de Cabarel (1339).
3. Bure.
4. Pâtre.
5. Mélange de seigle, de froment et d'orge par tiers.
6. Garde. Bail de la métairie de Baudri.

réparer les routes. Les voitures de paysans sont encore traînées par des bœufs. Or nous voyons que Michot Greyl, métayer de la Clardière, doit, tous les ans, faire « un tour de Redon, de vint et quatre fés (1) de seil et les autres deuz charraiz de chescun un mué (2) de vin à mener de Chatel Gontier à Olivet », — que Yvron, métayer de la Chauvière, doit, tous les ans, « amener 1 mui de vin de Benays à Olivet », — que Jean du Coudray, métayer de Caharel, doit, tous les ans, « amener de Chatel Gontier à Olivet doux muys de vin », — que Gervesse Guillemin, métayer de la Chéroche, doit tous les ans, « aporter un muy de vin de Gérigné au Trou au Lou », — que Perrot Brunel, métayer du Cloux de Gérigné doit, tous les ans, faire « un charray de la Haie Goullain (3) ou de Lentillé (4) à Olivet ».

Les frais, que ces charrois entraînent pour les laboureurs, ne leur sont pas toujours payés, cependant Michot Greyl reçoit, comme indemnité, six boisseaux de seigle, et Jean du Coudray peut employer « un home à mener les boux et à tenir la charestc » mis à sa disposition par Monseigneur André de Laval. Les risques et périls du voyage sont à la charge du propriétaire.

1. Mesure de contenance pour le seigle.
2. Muid, mesure de vin.
3. Sans doute la Haie Joulain, commune de Saint-Silvin (Maine et-Loire).
4. Commune du Plessis-Grammoire (Maine et-Loire).

Outre ces longs charrois qui constituent une véritable expédition, le propriétaire demande quelquefois des services de moindre importance. Nous avons déjà vu dans le bail de la métairie d'Ivron, que le métayer s'engage chaque semaine à porter du bois au four du seigneur à Meslay ; nous trouvons la même obligation dans le bail de Caharel.

Une autre clause plus déplorable encore pour une bonne exploitation est contenue dans le bail du Cloux de Gérigné : « Promisdrent le metaer et sa fame que toutes les faiz que madame les en voudrait mener à Benays, que ils huyront sans que ils s'en puyssent refusser. »

Dans de telles conditions que peut-il rester de temps aux métayers pour travailler la terre? Il est vrai qu'alors on s'occupe plus de l'élevage des bestiaux que de la culture des céréales, que l'on ne cherche pas à accroître sa production au-delà de ce qui est nécessaire à la consommation du métayer et du propriétaire, car les débouchés sont des plus réduits.

Les impôts et les charges que toute terre doit à son seigneur sont alors fort nombreux. Ils sont généralement supportés par le métayer. Cependant les rentes dues en nature sont parfois partagées par moitié et prises, lors de la récolte, sur le monceau commun. « Paiera ledit metaer tous les devairs anxiens qui sont deuz par resson de ladite metaerie, et la moitié d'un septier de saigle qui est deu aux Opitalles par chescun an, et auxi paira la moytié de IIII soulz de rente qui sunt deuz à la parsoyne (1) de Grez pour les terres de près le molin à vent de Gerigné » (2).

Dès cette époque, le propriétaire se fait déjà volontiers le banquier de ses métayers. Ceux-ci avaient souvent besoin d'argent ou de blé et de seigle soit pour les semences, soit pour la nourriture de leur famille. Nous voyons qu'en de telles circonstances (3), Mme d'Olivet n'hésitait pas à accorder ce qu'on lui demandait ; les voisins eux-mêmes se montraient généreux. La fin du bail ne mettait même pas obstacle à ces principes de charité. En 1339, Henri Potier « doit seys libvres dez et sait soulz seis deniers, comme il apert par son compte de l'an XXXVIII, pour la moytié et pour le tert de la debte que ledit Henri et sa poure fame devaint de la Tissonnière dou temps qu'ils tindrent la dite meterie de la Tissonnière ».

Il résultait de ces avances des complications de comptes, qui ne sont pas sans nuire à leur clarté. Mais de plus, nous sommes à une époque où le titre de l'argent est constamment modifié. Il n'y avait que quelques années que Philippe le Bel, célèbre par ses altérations des monnaies, était mort et son successeur ne se faisait pas faute de suivre un exemple aussi lucratif. Aussi dans ses comptes, Mme d'Olivet y fait-elle sans cesse allusion ; nous n'en citerons qu'un exemple : « Item fut vendu III vaches, III geniches d'un

1. Curé.
2. Bail du Cloux de Gérigné.
3. Comptes de la Bussonnière (1340).

an et un petit veau pour VII libvres, lesquex li porte descharge de VI libvres X soulz dou chatel desu dit, et en cheit X soulz pour l'avalument de la monaye qui est plus forte en l'an XXXIX que en l'an XL (1). »

Les comptes de métairies se font une fois par an. Ils ne renferment guère que la liste des bestiaux qui se trouvent sur la terre, qui y sont nés, morts ou vendus pendant l'année. Voici comment étaient tenus ceux de la métairie de la Clardière en 1338 :

« L'an mil III^c XXXVIII, conta Eustaysse de Baucey o la meteyere de la Clardière et o ses hairs, ou jour de vendredi avant Noel, des aveys de la metayrie.

« C'est asavoir VII bœufs.

« Item de vaches merres V.

« Item de genices de dous ans IIII.

« Item de veaus de 1 an, III malles, I femelle.

« Item dous veaus malles de l'an XXXVIII, II.

« Item 1 cheval et 1 jument.

« Sommes de grousses bestes, XXII, et I cheval et I jument, sus lequel avair nous avon de chastel XXIV libvres IX soulz.

« Item 1 vel mort, de quay le cuer a esté trayt à gaing.

« Item avait en ladite metairie, de pouairs XIIII, si comme il apert par son darrain compte. Item, de croyssance depuys, X. Summe XXIIII chiefs, desquelx nous avon trayt à gaing XVIII, desquels il ot III et

1. Comptes de la Chauvière (1340).

nous troys, et X retenus por C soulz, de quay il avenait au metaier L soulz.

« Il se mourut un.

« Ainsi demeure en la metairie II trees, V pourceaux de mars et X depuys la Touzsains l'an XXXVIII.

« Item avions en ladite metairie LXIX chiefs de brebiz, c'est à savoir XXVII chiefs de brebiz et I mouton et vingt et troys agneaux qui li furent bailliez le jour de la baillée de la metayrie, de quay il nous devait rendre trente et six de chief, et le remaignant à departir par maitié, et diz et ouyt aigneaux qui lui furent bailliez le dimanche empres la saint Mathe l'an mil troys cens trente et sept.

« Ainsi demeure en ladite metairie soixante et nouf, et encore a il compte I de la crayssance de l'an trente et six, et de l'an trente et sept, de quay il n'a pouaint compte.

« Item lour baillames IIII chièvres, de quay il dit que les lous ont mengié dous, et une depuys de crayssance. Ainsi il y a cinq chièvres don il y en a dous de chiefs, et le remaignant à maitié.

« Item avon prins à gaing un buef por LX soulz et une vache por XVI soulz, de quay ils avient au metaier pour sa maitié XXVIII soulz. »

En fin de bail, le métayer laisse les maisons dans l'état où il les a trouvées. L'étendue des guérets doit être la même qu'à son entrée sur la terre. Les foins sont fauchés, les fourrages sont mis en meule. Il abandonne ses instruments qui appartiennent au propriétaire.

Le bail n'est pas résilié par la mort de l'une des parties, mais il continue à avoir force exécutoire contre les héritiers du défunt. C'est ce qui résulte clairement du bail de la Clardière, de 1335, dans lequel « Michot et ses hairs » (1) s'engagent envers « Monseigneur André et ses hairs », et du bail de la Cheroche de 1338 où nous trouvons une mention analogue. En cas de non-exécution des conventions par le métayer, le bail prend fin de plein droit (2).

Maintenant que nous avons vu les différentes règles qui président au contrat de métayage au XIVe siècle, telles qu'elles résultent du rouleau de Mme d'Olivet, il est utile de remarquer, dans une matière où dans la suite les usages tiendront une place si importante, que, dès cette époque, la coutume se fait jour et qu'à défaut de convention elle tend à faire la loi des parties ; les textes que nous venons d'étudier y font maintes fois allusion.

Un manuscrit qui date du XVe siècle, les *Comptes de la chatellenie d'Olivet* (3) (1406-1413) et qui constitue, bien que beaucoup plus bref, la suite du rouleau de Mme d'Olivet, nous a permis de constater qu'à cette date, le contrat de métayage n'avait pas encore subi de transformations sensibles. Les comptes de Guillaume Tual, receveur de Mme de la Broce

1. Héritiers.
2. Bail de la Cheroche (1338).
3. *Archives de la Mayenne*. E comté de Laval — f. ds de la Chatellenie d'Olivet.

et de Jean Bourré, son fils, publiés par M. André Joubert dans son *Etude sur la vie privée au XVe siècle en Anjou* nous ont confirmé cette observation.

Pendant le XIVe siècle, l'agriculture prospérait. Le paysan connaissait l'aisance et son sort était bien différent de celui que l'on imagine quelquefois. Les étables, écuries, bergeries, porcheries et basses-cours étaient bien garnies ; les greniers et celliers amplement approvisionnés. Le laboureur fumait la terre et employait même des engrais artificiels obtenus en semant des graines qui donnaient de grandes plantes que l'on enterrait par un labour lorsqu'elles étaient venues. Le labourage se faisait à l'aide d'une charrue très simple, rappelant l'araire des Romains, ou d'une charrue à roue plus compliquée. Ceux qui n'étaient pas assez riches pour posséder une charrue empruntaient celle de leur voisin ou labouraient à bras, c'est-à-dire qu'ils remuaient la terre avec des pioches. Les sillons étaient étroits, unis et serrés. On émottait la terre avec des maillets de fer, puis on hersait. Certains cultivateurs coupaient leurs blés en deux fois ; la première fois ils enlevaient les épis, la seconde les chaumes. Le battage se faisait au fléau.

Cette brillante situation de l'agriculture ne devait pas brusquement disparaître, mais le XVe siècle vit sa fin. Pendant la guerre de Cent Ans, le Maine fut livré aux Anglais. La lutte y fut « forte et aspre », dit Jouvenel des Ursins. Les laboureurs durent financer pour rester chez eux et aussi pour en sortir. Pour être en sûreté dans leur intérieur, ou du moins pour n'être pas inquiétés par les envahisseurs, ils devaient, tous les trois mois, acheter soit des lettres de sauvegarde, soit des bullettes (1). Les hommes étaient employés au service de la guerre, les chevaux disparurent des campagnes, ce fut la ruine. L'agriculture ne devait pas se relever de ce terrible coup avant les temps modernes, nous allons voir maintenant dans quel déplorable état elle était tombée.

1. *Le Maine sous la domination anglaise en 1433 et 1434*, par Siméon Luce. Le Mans, Pellechat, 1878.

CHAPITRE III

LE MÉTAYAGE DEPUIS LE XVe SIÈCLE JUSQU'A NOS JOURS

SECTION I

Le contrat de métayage.

Dès le XVIe siècle, les baux de métairies ont revêtu une forme qu'ils conserveront désormais jusqu'aux temps modernes. Il est curieux de remarquer les mêmes expressions et les mêmes tours de phrase dans des écrits datant d'époques si différentes. Peut-être ne faut-il voir dans cette considération que le développement de l'usage et son application définitive. Les propriétaires et laboureurs, notant les conventions qu'ils ont passées entre eux, ne font plus guère que transcrire les règles établies par la coutume et admises par tous en matière de métayage.

Aussi est-il naturel de trouver, à côté des baux sous seing privé et des baux passés devant notaire, des baux se renouvelant et se continuant par tacite reconduction. Dans ce dernier cas les mêmes clauses et conditions du bail devaient être renouvelées et devaient être observées, « cela ne devait s'entendre que des clauses ordinaires et naturelles et non de celles qui étoient extraordinaires et insolites (1) ». Pour la première fois, en l'an XII (2), nous voyons noter que les baux consistent quelquefois en de simples promesses ; que les colons, en conséquence, jouissent souvent d'une condition verbale.

Les baux sont conclus d'une part par le propriétaire et d'autre part par le preneur et si celui-ci est marié, ils sont conclus d'une part par le propriétaire et d'autre part par le preneur et « sa femme de luy suffisamment authorisée (3) ». En 1728, Julien Bézie, laboureur, entrant à la métairie de la Bréhaudière, s'oblige même

1. René Pichot, sieur de la Graverie, *loc. cit.*, n° 12222, vol. I, p. 921. Il s'agissait d'un procès soulevé à l'occasion d'un bail de la Cheverie, paroisse de l'Huisserie, de 1707, portant qu'il serait résiliable à condition que les parties s'avertissent 6 mois d'avance. Le bail expiré fut renouvelé par tacite reconduction et en 1718, le bailleur expulsa ses métayers en les prévenant seulement 3 mois d'avance. Ceux-ci, mécontents, intentèrent un procès au propriétaire et le perdirent.

2. *Annuaire du département de la Mayenne* pour l'an XII. Laval, Bouttevillain-Granpré.

3. Bail de la Bréhaudière, 1701.

« pour luy et pour celle avec laquelle il poura se colloquer par mariage et qui y sera obligée solidairement anceluy ».

Voici un bail, passé par acte notarié, en 1598, pour la métairie de Beauvois (1) :

« Bail de la mestayrie de Beauvois donné à tiltre de franche moictié à Françoys Huneau par Pierre Patry, sieur du Breil, fermier de la terre, fiefz et seigneurye de Beauvoys (14 septembre 1598).

« Le lundy quatorziesme jour du mois de septembre avant midy l'an mil cinq cens quatre-vingtz dix-huict.

« Devant nous, Pierre Croissant, notaire royal es pais et comté du Maine résidant à Laval ont été presents et personnellement establiz chascuns de honneste homme Pierre Patry sieur du Breil marchant demeurant au forsbourg du Pont de Maienne de ceste ville de Laval fermier de la terre, fiefz et seigneurye de Beauvoys d'une part.

« Et Françoys Huneau demeurant à la mestayrie dudit Beauvoys parroisse de Changé d'autre part, lesquelles partyes soubmettent et confessent avoir faict et font entre elles le bail à moictié tel que ensuit. C'est asscavoir que ledit Patry a baillé et par ces presentes baille à tiltre de franche moictié à tout faire et la moictié prendre audit Huneau qui a pris et accepté audit tiltre scavoir est le lieu et mestayrie dudit lieu

1. Extrait des *Recherches sur Changé-lès-Laval* par Louis-Marie-François Guillier. Laval, Chailland, 1882, vol. 2, p. 388.

de Beauvoys situé en la paroisse de Changé avec toutes ses apartenances et deppendances ainsy quelle se poursuit et comporte fors et reserve la chambre haulte avecq le grenier et celier et jardin pour en disposer par ledit bailleur à sa volonté sans autre chose dudit lieu y retenir ne reserver avecq et compris au present bail le pré Yvon à la charge audit preneur de laisser le courtiller dudit Beauvoys charoyer son foing seulement par sur icelui. Le present bail faict par ledit bailleur audit preneur pour le temps et terme de quatre années entieres et consecutifves lune lautre qui commenceront au jour et feste de Toussainctz prochainement venant et fyniront a pareil jour les dites quatre années fynies et accomplyes, à la charge par expres audit preneur de jouir dudit bien comme bon père de famille doibt et est tenu faire sans aucune chose y deteriorer empirer ne demolir et en usant et gardant les droictz dudit bailleur et du sieur propriétaire dudit lieu et dicelui bien et deuement chacuns ans du present bail cultyver et labourer le tout de faczons et lensemencer de bonnes et propres semences ainsy qu'il le pourra porter, le tout d'heure et temps de saison convenable et la moictié de tous et chacuns les grains, fruictz, profitz, revenus et esmolumens provenans dudit lieu les rendre en la maison dudit bailleur audit Laval avecq tous lansairs bien et deuement braiez et tous cidres faictz et entonnez le tout aux despens dudit preneur en fournissant par ledit bailleur de tonneaulx pour sa part qu'il sera tenu venir querir et mener sur ledit lieu et racoustrez à ses despens. Acquittera ledit preneur ledit lieu des charges cens rentes et debvoirs qu'il peut debvoir chascuns ans et à la fin dudit present bail en bailler et fournir quittances audit bailleur a peine de tous interestz ; entretiendra ledit preneur ledit lieu en bonne et suffisante reparation et le y rendra à la fin du present bail en fournissant par ledit bailleur du boys seulement pour ce faire ; demeure tenu ledit preneur faire chacun an du present bail pour ledit bailleur six charroix à charger du boys à la Dame jusques en cette ville de Laval ou aussy loing et oultre ung charoy pour charoyer et amener en la maison dudit bailleur les rentes davoyne qui sont deubz a ladite terre ; fera ledit preneur chacun an sur ledit lieu six entourees qu'il rendra prises et deffensables des bestes, nabatra aucun boys par pied ne branche fors le taillable qu'il taillera de saison, nourira chacun an quatre veaux de laict, rendra chacun an en la maison dudit bailleur audit Laval six chapons au terme de Toussainctz et Noel et huict pouletz au terme de Pasques ou Penthecoste rendu aussy par chacun an audit terme de Toussainctz trente livres de beure nect et aux quatre bonnes festes de chacun an un coing de beurre fraiz beaulx et honnestes pesant chacun quatre livres.

« Ont recognu les partyes estre ledit lieu avoyré par moictié de toutes sortes de bestiaulx et au profit de effeil (1) diceulx en seront par moictié sans que ledit preneur les puisse vendre ne effeiller sans le congé du bailleur mesmes ont aussy recognu que toutes les semences estant sur icellui lieu sont aussi entre eulx par moictié ; à la fin du présent bail rendra ledit preneur icellui lieu bien et deuement ensemencé ainsy quil le poura porter avecq les foings, pailles, littieres et engrees bien et deuement engrangez et entassez de saison sans qu'il en puisse transporter aucuns hors de dessus ledit lieu ne aucune chose qui sont de l'instruction dicellui; et a esté dict et accordé entre les partyes que ou icellui bailleur ne jouyroit de ladite terre tout durant ledit present bail que ledit preneur ne tirera a consequence icellui contre ledit bailleur ne poura ledit preneur bailler ne ceder le present bail a aultruy sans le congé du bailleur. Nempeschera ledit preneur que le closier de la courtillerye dudit Beauvoys mette chacun an deux porcs en engrees de poson sur ladite mestayrie et oultre de ce que dessus les partyes stipullantes et acceptantes sont respectivement demeuré dacord et à ce tenir et par obligation et par renonciation par foy jugement et condonation. Faict et passé audit Laval maison dudit bailleur en présence de Jean Teissier demeurant au lieu de Montaye parroisse de Sainct-Germain-le-Fouloux, René Patry filz dudit bailleur et Pierre Freslon praticien demeurant audit Laval, tesmoings. Lesquelz preneur

1. Vente de bestiaux.

et Le Teissier bailleur Patry et Freslon tesmoings sont signes avecq nous notaire en la mynutte des présentes, jour, mois et an comme dessus. Signé : P. Croissant. »

Généralement les baux ont une durée de 5 ans, bien que quelques-uns soient de 3, 4, 6, 7 et 9 ans. Dans l'ensemble assez considérable de baux (1) que nous avons parcouru, tous partaient de la Toussaint, nous n'en avons noté que deux dont le terme était la Saint-Georges, encore parmi ceux-ci, celui de la closerie de la Bourie (2) porte que les clauses qui y sont contenues courent « du jour et feste de Saint-Georges prochaine et finiront au jour de Toussaint de l'année mil sept cent dix-neuf. »

Les propriétaires donnent ordinairement au preneur la jouissance de toute leur métairie et de tout ce qu'elle peut contenir « sans aucune réservation ». Cependant nombreux sont, à cette époque, ceux qui gardent dans l'habitation du laboureur une « chambre à maître » (3). Quelques-uns se font même construire une petite maison près de la demeure de leur métayer, tel M. René Pichot, sieur de la Graverie, qui possède à sa métairie de la Graverie, en 1734, une « maison à maître composée d'une salle, chambre à costé, cellier, cave sous la dite chambre et grenier

1. *Archives de la Mayenne*. E minutes. François Jardrin. Pierre Noury.

2. Commune du Genest.

3. Bail de la Bréhaudière, paroisse de Grenoux.

sur le tout (1). » Le propriétaire profite-t-il de cette chambre pour venir surveiller son métayer, diriger l'exploitation, contrôler les partages ou lui sert-elle tout simplement de rendez-vous de chasse, nous ne saurions le dire, n'ayant trouvé à ce sujet aucun renseignement. Une conséquence naturelle de cette réserve, dans les métairies où elle existe, est que le maître conserve le droit d'employer à son usage personnel le jardin dépendant de l'exploitation ou une partie de celui-ci. Parfois il accorde seulement au laboureur la permission de « prendre toutes sortes de légumes pour son ordinaire » (2).

Pour l'entrée en jouissance du preneur, les maisons, étables, granges, haies, barrières sont remises en bon état, une montrée des lieux en fait foi entre les parties.

Nous ne croyons pas que le bailleur fournisse les instruments au laboureur, il n'en est fait nulle part mention et cela semble résulter d'un bail de 1736 de la closerie de la Cheverie (3) qui semble considérer comme contraire aux usages, de donner au preneur une « brouette » (4).

1. Acte de foi et hommage de la métairie de la Graverie, paroisse d'Ahuillé, 1734.

2. Bail de la Graverie, 1557.

3. Paroisse de l'Huisserie.

4. « Fournira led. Sr Bailleur auxd. Preneurs sur led. lieu la Brouette qui est actuellement sur iceluy entre les mains desd. Peschard et femme pour l'entretien de laquelle Brouette il fournira le bois nécessaire sur led. lieu auxd. Preneurs lesquels Pre-

Les animaux sont tantôt la propriété exclusive du propriétaire, tantôt ils appartiennent pour moitié au bailleur et au preneur. On ne peut déterminer lequel de ces deux modes est le plus employé. Sans doute il serait plus logique, dans le bail à métairie, que les animaux fussent acquis par moitié, car partageant les bénéfices, les parties devraient naturellement concourir à la première mise de fonds; mais nous sommes à une époque, où, comme nous le verrons plus tard, l'agriculture est peu florissante, où les paysans ont peu de fortune. Bien heureux doivent s'estimer les propriétaires quand leurs métayers peuvent fournir, en plus de l'argent nécessaire pour les instruments, la moitié des semences, ce qui est la règle presque générale. On trouve alors des marchands faisant le métier de fournir, moyennant 40 à 60 sous par an, des vaches dont le colon a le bienfait, c'est-à-dire le veau, le lait et le fumier.

Que les bestiaux soient fournis entièrement par le bailleur ou qu'ils soient acquis à moitié, dans aucun cas, les métayers ne peuvent, sans le consentement de celui-ci, « vendre, changer, ni effouiller aucuns desd. Bestiaux. » Appliquant ce principe dans toute sa rigueur, le tribunal de Laval décida même le 5 août 1754, qu'un maître pouvait revendiquer les bestiaux

neurs relaisseront icelle Brouette non détériorée à la fin dud. présent Bail sur led. lieu aud. Sr Bailleur. »

vendus par son colon et les faire réintégrer par l'acheteur qui en avait payé le prix (1).

Le bail de métairie se fait « à tiltre de franche moittié et collonie partiaire » c'est-à-dire que les « grains, fruits, proffits naturels et industriaux » sont partagés par moitié par le propriétaire et le laboureur. Nous ne trouvons plus à cette époque, comme nous l'avions vu au XIVe siècle, de prestation colonique au profit du bailleur. Le métayer est seulement tenu de rendre à la maison du propriétaire la moitié des revenus qui lui sont dus.

1. Recueil nouveau des plus utiles sentences rendues au siège ordinaire de Laval depuis l'ouverture des audiences de l'année 1733, contenant en outre des remarques et des observations sur quelques questions de droit et de coutume et des nottes sur certains événements arrivés en la ville de Laval par M. Ambroise René Hoisnard. Manuscrit. Bibliothèque de Laval, n. 12226, tome 1, p. 227.

Voici quelques extraits de cette intéressante sentence :

Il s'agissait de deux petits cochons vendus 40 s. par un métayer sans le consentement de la dame bailleresse et d'une génisse vendue 8 l. « Elle se fondoit sur ce qu'un colon partiaire n'avoit pas été en droit de vendre sans son consentement les bestiaux de dessus son bien, tant parce qu'il seroit d'une dangereuse conséquence et qu'il en arriveroit tous les jours de grands inconvénients si on soufroit que les colons se comportassent ainsi et si on les authorisoit à se rendre les maîtres de la disposition des bestiaux que parce que dans le bail à colonie partiaire il étoit inséré que le colon ne pouvoit vendre les bestiaux que de son consentement... qu'il falloit faire une grande différence entre des bestiaux vendus à la foire et ceux qui estoient vendus en l'étable, qu'on supposoit qu'un colon n'avoit point mené son bestial en foire sans le consentement de son maître, mais qu'on ne pouvoit pas dire la même chose dans l'espèce présente. »

En général les volailles ne sont plus à moitié, sauf les oies, et si dans certains baux existent encore des clauses telles que celle contenue dans le bail de la Guestière (1) de 1737 : « Ne pourront avoir que deux poulles sur le lieu susdit, fourniront moitié de la volaille qui se trouvera excéder les deux poulles, avec moitié des oysons, moitié de la plume des mères oyes et moitié des cannes s'ils en nourissent, » il est beaucoup plus fréquent de trouver des baux n'obligeant le métayer à donner qu'une faible partie des poulets et la moitié des oies. Ainsi le bail de la Graverie de 1691 porte : « Donneront pour subsides par chacuns ans six chapons et six poullets, les chapons à la Toussaincts et les poulets à la Pantecostes, donneront en outre la moittié des oisons. »

Les laboureurs doivent encore une assez grande quantité de beurre, parfois aussi du lait : « Trente livres de boeure frais en pot et quatre livres en couains, le tout pois de Laval, led. boeure en pot, à la feste de la Toussaints et les couains aux quatre bonnes festes de l'année (2). » « Un pot de lait par semaine (3). » Certains propriétaires déchargent leurs métayers de cette redevance s'ils nourrissent un certain nombre de bestiaux : « Au cas qu'ils norisent quatre veaux de

1. Paroisse de Saint-Vénérand à Laval.

2. Bail de la closerie du Vergé, dépendant du prieuré de Changé, 9 oct. 1670.

3. Bail de la closerie de la Magdelaine des Speaux, paroisse d'Ahuillé.

lait ils seront deschargez de donner aulcun boeure (1). » Quelques-uns exigent par contre un agneau pascal : « Aura lad. damoiselle Bailleresse par chascunes desd. années au temps de Pasques un aigneau a son choix sur la bergerie dud lieu (2). »

Parmi les autres redevances, moins fréquentes, dues par les métayers, nous remarquons celle de fournir de la paille et des genêts (3), celle de filer du lin (4) et même de blanchir du fil (5).

Le propriétaire s'oblige par bail à fournir au laboureur le bois dont il pourra avoir besoin pour réparer

1. Bail de la Graverie, 1684.

2. Bail de la Graverie, 1684.

3. « Rendront aussy chacuns ans en la maison dud. sieur bailleur une chartée de paille qui sera prise sur ledit lieu en cas qu'il n'y en euss suffisammen pour la noriture des bestiaux.... Ils seront tenus de donner une chartée de genets. » (Bail de la Graverie 1691).

4. « Fileront 2 L. de poupées pendant led. bail qui leur seront fournies » (Bail de la Closerie de la Guetronnière). « Donnera moitié des oysons et de la plume et sera déchargée des autres subsides en filant ou faisant filer chacque année 6 L. de poupées de lin qui lui seront fournies aud. Hotel-Dieu et dont le filage sera bon et bien proportionné à la qualité des poupées. » (Bail de la métairie de la Baugrandière, par. de Louverné 1741). Extrait d'un manuscrit intitulé : Copie des Comptes que M. Duchemin du Tertre a tenu avec les collons des héritages par eux tenus à moitié, dépendants du bien des pauvres de l'Hôtel-Dieu St-Julien de cette ville de Laval. — Bibliothèque de Laval, fds. Couanier de Launay. H.

5. Les métayers du Buard devaient, tous les ans, blanchir cinquante livres de fil au profit du propriétaire (Louis-Marie-François Guillier, *loc. cit.*, vol. 2, p. 340).

les bâtiments, ses instruments ou ses voitures (1), et celui qui sera nécessaire pour faire des cercles de barriques (2). Cependant le bailleur semble, à l'époque que nous étudions, devenu plus économe de son bois qu'au xive siècle. Il est vrai que le métayer dispose encore en pleine liberté de celui qu'il trouve dans les haies à condition de le prendre en temps voulu et « en saison » (3).

Au xvie siècle, apparaît dans les baux une expression qui restera jusqu'à nos jours le résumé des obligations du preneur entrant en jouissance ; il promet de se comporter « comme un bon père de famille ». Par là il s'engage donc à « rien demollir malmener ny pouvoir cedder » et il se charge « de bien et dument cultiver, gresser, labourer et ensemencer comme il le peut porter et non en plus avant » (4). La sanction de son obligation est « l'hypothèque de tous ses biens présents et futurs » (5), et même la contrainte

1. « Est accordé qu'en cas que lesd. preneurs ayen besoing de quelque bois pour refaire une charte led. sieur bailleur s'oblige à leur en fournir s'il s'en trouve de propre sur led. lieu ». (Bail de la Graverie 1691).

2. « Prendront du bois dessus led. Lieu pour faire du cercle et en cas qu'il ne s'en trouvat pas suffisament, ilz en achèteront moitié par moitié » (Bail de la Graverie 1684).

3. « N'abatteront lesd. Preneurs et ne souffriront estre abbattu sur led. lieu au cours de ce bail aucuns bois par pieds ni par branches fors les taillables des hayes et emousses d'heure et de saison convenable. » (Bail de la Cheverie 1736).

4. Bail de la Graverie 1691.

5. Bail de la Cheverie 1736.

par corps si celle-ci est prévue dans le bail (1).

Outre ces devoirs de bon père de famille, le métayer est tenu de ne pas employer ses services sur d'autres terres que celle qu'il a reçu mission de cultiver par lui-même avec sa famille (2), de ne pas faire travailler ses animaux dans d'autres exploitations. Le bail de la Guétronnière en 1731, prévoyant ce dernier cas, décidait : « que la jument ou cheval qu'ils auront ne pourra servir que pour led. lieu et s'il est justifié le contraire ils payeront 20 s. par jour de dédomagement pour le temps qui aura été employé à autre ouvrage ». Par ailleurs il fut jugé le 19 novembre 1757 : « qu'un colon qui avoit emblavé et ensemencé une portion de landes communes dans lesquelles le propriétaire de l'héritage qu'il tenoit à colonnie partiaire avoit droit d'usage de pacage et de prendre littière ne pouvoit se dispenser de faire part à ce propriétaire de la moitié des bleds provenus sur cet ensemencé et de réintégrer sur le lieu les chaumes et pailles qui y étoient provenues en remboursant néantmoins par le propriétaire la moitié de ce qu'il en avoit couté au collon pour défricher et emblaver la portion des landes » (3).

Nous ne trouvons plus, dans les baux, de clause

1. Bail de la Bréhaudière 1766. Sentences de M. René Pichot, sieur de la Graverie, *loc. cit.*, vol. 1, p. 1245.

2. Sentences de M. René Pichot, sieur de la Graverie, *loc. cit.* Table, p. 56.

3. Sentences de Ambroise-René Hoisnard, *loc. cit.*, vol. II, p. 307.

astreignant le laboureur à consacrer un nombre déterminé d'hectares aux diverses cultures ; sans doute le propriétaire réglait cette question au cours du bail, avec le métayer.

Dès le XVIe siècle naît une nouvelle charge pour le laboureur. Avec l'introduction des pommes dans la Mayenne, apparaît la préoccupation de pourvoir à la plantation et au remplacement des pommiers. Tous les baux contiendront donc désormais un paragraphe spécial consacré à l'entretien des pépinières et des arbres fruitiers. Les « sauvageaux » sont fournis tantôt par le propriétaire, tantôt par le métayer, mais c'est toujours celui-ci qui est chargé seul d'entretenir en bon état la pépinière, de planter dans les champs et de protéger les jeunes pommiers (1). Les cidres sont faits par le métayer et à ses frais, de même que c'est à ses frais qu'il est tenu de venir chercher les tonneaux que lui fournit le propriétaire, de les transporter, de les relier et de les nettoyer (2).

1. « Planteront lesd. Preneurs sur les Terres dud. Lieu tous les sauvageaux qui se trouveront plantables dans les Pépinières d'iceluy lesquels sauvageaux et les autres dud. Lieu lesd. Preneurs épineront, deffendront des Bestiaux, enteront les Entables et conserveront à leur possible comme aussi cercleront, cobècheront et émonderont les Pépinières dud. Lieu même en planteront une nouvelle si besoin est. » (Bail de la Cheverie 1736).

2. « Feront et traicteront les cidres et les entonneront, la moictié desquels ils rendront en cette ville audit S[r] bailleur qui fournira des tonneaux pour mettre sa moictié, lesquels tonneaux lesd. S[rs] preneurs seront obligez de venir quérir en cette ville et feront relier et enfoncer à leurs fraiz (Bail de la Graverie 1662).

Les engrais sont quelquefois achetés à moitié, mais généralement ils sont payés pour les deux tiers par le propriétaire ou fournis entièrement par lui. Il faut remarquer qu'alors le volume d'engrais employé était peu considérable et que de plus ceux-ci ne devaient pas être d'un prix fort élevé. On n'employait guère que de la « chasrée » qui était des cendres bouillies ayant servi à la lessive. « Fournira led. Sr Bailleur tous les ans dud. présent Bail en cette ditte ville aud. preneurs deux chartées de Margaine (1) ou bien une chartée de chasrée qu'il payera pour le tout à mettre sur led. Lieu laquelle Margaine ou chasrée lesd. preneurs viendront quérir en cette ditte ville et la feront charoyer à leurs frais sur led. lieu et si les parties conviennent de mettre plus grande quantité d'engrais sur led. lieu le prix en sera payé moitié par moitié entr'elles et feront charoyer par lesd. preneurs à leurs frais (2). »

Avec le moyen âge disparaissent les charrois longs et onéreux pour le laboureur. Tout au plus trouvons-nous encore, en plus de la charge d'apporter à la demeure du propriétaire les redevances qui lui sont dues, l'obligation imposée à quelques métayers d'effectuer quelques charrois supplémentaires, mais toujours sur une courte distance. Ainsi en 1691, Pierre Oustin doit quatre charrois par an, de la métairie de la

1. Poudrette.
2. Bail de la Cheverie 1736.

Graverie à Laval « en outre des charois desdits grains et cildres et revenus dudit lieu » (1).

Les impôts et charges seigneuriales sont payés généralement par le métayer quand ils sont dus en argent et ils sont acquittés par moitié dans le cas contraire. « Payeront et acquitteront lesd. preneurs les cens, rentes charges et debvoires que peult debvoir ledit lieu en argent pour le tout et pour celles des grains elles se prendront à l'aoust sur le monceau commun (2). » Si cette règle tend de plus en plus à entrer dans l'usage, nous trouvons encore quelques exceptions dont voici quelques exemples : « Payera led. sieur bailleur les cens rentes charges et devoires que peut devoir ledit lieu en argent et seront seulement tenus lesdits preneurs de payer ceux en grain qui seront pris sur le monceau commun » (3). « A la charge d'acquiter les cens rentes et devoirs seigneuriaux et féodaux non excédant 50 s. par an et pour la rente de 8 Bx de froment elle doit estre prise sur le monceau commun (4). »

Les comptes de métairie ne se font plus une seule fois par an comme au XIVe siècle, mais au jour le jour. Après chaque vente le métayer verse la moitié de la somme due au propriétaire, après chaque achat ou

1. Bail de la Graverie 1691. Cette métairie est située à environ 12 kilomètres de Laval.
2. Bail de la Graverie 1684.
3. Bail de la Graverie 1691.
4. Bail de la Guestière 1737.

dépense il réclame l'argent qui lui revient. De plus il semble, à la lecture des comptes de cette époque que les rapports de bailleur et de preneur prennent un caractère moins rigide ; on sent déjà qu'il existe entre ces deux personnes des rapports de collaborateurs travaillant à une tâche commune. Voici, par exemple, les comptes de la métairie de la Petite Lande, paroisse de Meslay, dépendant de l'Hôtel-Dieu de Laval, tels que les rédigea en 1739, M. Duchemin du Tertre, un des administrateurs de cet établissement :

« Le 28 may 1739 petite Lande m'a dit avoir vendu à la petitte Saint Jean a ballée deux bœufs 197 l. sur quoy il a acheplé 2 pipes de cherée 18 l., reste 179 l. Il en doit 89 l. 10 s. qu'il a donné à M. Frin. Le 17 juin 1739 j'ay été à la petitte Lande pour y partager la laine ce qui n'a pas été fait les brebis n'étant pas encore tondues, ainsi cela se fera au temps de la mesurée, led. jour je ay partagé les lanfoins, il y en a eu pour les pauvres 41 L. de lin d'hyver et 44 L. de chanvre. Le métayer m'ayant proposé de l'achepter je le luy ay vendu à raison de 3 s. la livre payat pour 80 L. faisant 12 l. qu'il doit aux pauvres et qu'il a promis payer au plus tost je luy ai donné terme jusqu'à la récolte. Le 2 septembre 1739 j'ay mesuré à la petitte Lande il a eu pour semences de froment non guerlé 14 B. et c'est tout de méteil 6, de bled 40 et d'avoine 2. Les pauvres ont eu pour leur part de méteil 18, de bled 152 et d'avoine 16. En tout 186 B. Petite Lande avoit semé l'année dernière 2 B. d'avoine qu'il a relevé. Led. jour j'ay partagé la laine il y en a pour les pauvres 23 L., il y avoit et y a encore présentement 15 brebis et 4 aigniaux desquels il en est deub un de dixme. Il a perdu au cours de l'année 12 brebis dont il a seullement 3 peaux à vendre. Il a pareillement vendu un cochon de l'année de sorte qu'il ne luy en reste plus que 3. Il a achepté 2 petits cochons pour 9 l. Les pauvres en doivent pour la moitié 4 l. 10 s. »

Le bail est résolu pour inexécution des conventions ainsi que pour condamnation encourue par le métayer pour faux-saunage (1). Il ne prend pas fin par la mort du bailleur « quoique les baux à colonie partiaire forment une espèce de société, cependant on n'y observe pas la maxime *morte socii solvitur societas* » (2). Les héritiers restent tenus de son exécution. Par contre le décès du métayer, ou du métayer et de son épouse si celle-ci s'est engagée solidairement avec son mari, entraîne la résiliation du bail, il ne passe plus au fils (3).

« Quand le laboureur quitte la métairie, il doit laisser ledit lieu bien et deumen ensemencé comme il le peut et doit estre et non davantage et les foings, pailles, chaulmes et autres littières et agrats bien et

1. Sentences de M. René Pichot, sieur de la Graverie, *loc. cit.*, vol. 2, p. 200.

2. Sentences de M. René Pichot, sieur de la Graverie, *loc. cit.*, vol. 1, p. 1117.

3. Sentences de M. René Pichot, sieur de la Graverie, *loc. cit.*, vol. 1, p. 1034.

deument fauchés, fannés, engrangés, abargés et ramassés le temps et saisons ordinaires et de coutume suivant l'usage du pays et la commodité dud. lieu (1) ». Il abandonne les animaux qu'il a reçus lors de son entrée en jouissance, mais nous avons trouvé plusieurs moyens d'effectuer cette restitution. Ils se trouvent combinés dans ce paragraphe du bail de la Cheverie de 1736 : « Rendu le tout sur led. lieu à la fin dud. présent bail aud. Sr Bailleur lesd. Bestiaux en espèces à dire d'Expert ou en argent à son choix. »

SECTION II

Considérations économiques

Le métayage est un contrat qui, de tous temps, a été pratiqué dans la Mayenne, mais quelle importance faut-il lui attribuer par rapport au fermage et au faire-valoir direct ? Cette question est d'autant plus difficile à résoudre que nous étudions une époque où les statistiques font totalement défaut.

En 1599, Olivier de Serres, dans son *Théâtre d'Agriculture et Mesnage des Champs*, malgré sa prédilec-

1. Bail de la Cheverie 1736.

tion marquée pour le métayage, considère le fermage comme le mode d'exploitation le plus usité et comme le seul en honneur dans les propriétés du « roi, des princes, des grands seigneurs, des communautés, des pupilles et autres. » Il faut observer qu'Olivier de Serres écrivait dans une région fort différente de la nôtre et que si, à la fin du XVIe siècle, dans le Vivarais, le métayage n'avait pas encore revêtu toute l'importance qu'il devait un jour acquérir, nous n'en saurions conclure qu'il en était alors de même dans le Bas-Maine.

Nous savons quels étaient au XVIIe siècle, les revenus (1) dont pouvait disposer l'Hôtel-Dieu Saint-Julien de Laval. Ils étaient ainsi répartis :

2.327 l.	Les biens affermés.
1.380 l.	Les biens à moitié.
1.845 l.	Les rentes foncières.
530 l.	Les rentes constituées.
328 l.	Les rentes en grain.
56 l.	Les rentes inféodées.
6.466 l.	

Parmi les biens affermés, il faut distinguer d'une part les maisons, champs et jardins qui ne nous intéressent pas, et d'autre part les fermes qui seules peuvent être de quelque intérêt dans l'étude que nous

1. *Bulletin de la commission historique et archéologique de la Mayenne*. Laval, Moreau 1870. Compte de l'Hôtel-Dieu Saint-Julien de Laval, 1685.

poursuivons. Or celles-ci, dont le nombre s'élevait à 10 dont une closerie, formaient, au total, un revenu de 1.160 l., chiffre inférieur par conséquent de 220 l. au revenu rapporté par les 9 métairies constituant les biens à moitié. D'après ces résultats, il ne nous semble pas que l'on puisse conclure, conformément aux apparences, que les métairies étaient en nombre sensiblement égal aux fermes. L'hôpital, en effet, étant une personne morale dont la gestion des biens incombe à des administrateurs, est dans une condition défavorable pour posséder des métairies et a beaucoup plus d'avantages à affermer ses terres. Par ailleurs on ne saurait conclure d'un cas particulier, comme celui qui nous occupe, à une généralité.

L'idée que nous émettons que les métairies étaient, dans le Bas-Maine, plus nombreuses que les fermes, se trouve confirmée par deux autres documents. L'abbé Charles Maillard, dans ses *Chroniques paroissiales de Maisoncelles* (1), recherche, en s'appuyant sur des archives de mairie, sur des registres de baptêmes, de mariages, de sépultures, quelles étaient les personnes qui, au XVIIe siècle, vivaient dans cette commune. De cette énumération, il ressort que les métayers étaient fort nombreux. D'autre part l'abbé Guillier, dans ses *Recherches sur Changé-lès-Laval* (2), nous apprend, qu'à la même époque, presque tous les

1. Laval, Chailland, 1887, p. 20-24.
2. Louis-Marie-François Guillier, *loc. cit.*, vol. 2, p. 339.

biens du domaine du Buard étaient donnés à colonie partiaire.

Au XVIIIe siècle, les renseignements sont encore moins précis. En 1749, l'Hôtel-Dieu Saint-Julien possédait à ferme, dix-neuf fermes, neuf closeries et un clos de vigne dont le revenu montait à 6.016 l. et à colonie partiaire six métairies et trois closeries rapportant au total 2.100 l. Pour les raisons que nous venons d'énumérer, nous ne tiendrons pas un compte absolu de ces chiffres qui sont en contradiction si flagrante avec les appréciations que nous donnent Adam Smith et Arthur Young, pour l'ensemble de la France il est vrai. Le premier estime en effet que le métayage s'applique aux 5/6 du territoire, et le second aux 7/8, proportion peut-être exagérée (1), mais contenant tout au moins une part de vérité.

Au début du dernier siècle, l'*Annuaire du département de la Mayenne pour l'an XII*, porte cette phrase instructive : « Quoique les locations à colonie partiaire soient généralement les plus communes, néanmoins quelques propriétaires donnent leurs terres à ferme, principalement dans le premier arrondissement » (2).

Nous verrons dans la suite de cet ouvrage quelle

1. « Ces économistes ont fait entrer, sous le nom de métayage, toutes les tenures où la redevance consistait en une quote-part des fruits, si minime qu'elle fût, et celles qui, comme le champart et le terrage, s'en rapprochaient beaucoup. » (Rérolle, *loc. cit.*, p. 191).

2. Arrondissement de Mayenne.

importance avait le métayage au milieu du XIXe siècle et quelle marche décroissante il a subi depuis lors.

Le rôle qu'a joué le métayage dans notre région s'explique par deux courants d'idées opposées, par deux forces contraires tendant à se détruire l'une l'autre.

Aux XVIe, XVIIe et XVIIIe siècles, nombreux étaient les couvents et établissements pieux établis sur notre territoire. Or le clergé n'était pas et ne pouvait pas être favorable à ce mode de tenure pour ses membres. Le métayage exige trop de surveillance. Les supérieurs ecclésiastiques ne permettaient pas à leurs religieux de se laisser absorber par le souci des affaires temporelles, au grand détriment des choses spirituelles. Quand ils ne défendaient pas l'usage du métayage (1), ils donnaient généralement la direction de leurs métairies à des fermiers généraux. Ainsi, pour le prieuré de Changé, nous trouvons (2) la liste des fermiers généraux depuis 1583 jusqu'en 1788, date à laquelle le prieur Thomas Cooke, moyennant le prix annuel de 8.000 livres, continue à André Gougeon, sieur de la Roche, dernier fermier général du prieuré, le bail que celui-ci avait reçu en 1771 de Jacques d'Estrée (3).

1. Les règlements de l'ordre des Prémontrés défendaient d'avoir des partiaires.

2. Louis-Marie-François Guillier, *loc. cit.*, vol. 1, p. 175.

3. Puisque nous sommes amenés à parler des fermiers généraux, nous croyons utile de donner quelques idées de ce qu'était

De telles conditions s'opposaient au développement du métayage ; de même les puissants seigneurs lui étaient peu favorables. Ils préféraient beaucoup toucher de l'argent plutôt que de recevoir une portion assez considérable de grains dont ils n'auraient su que faire; ils n'étaient pas commerçants et avec les débouchés restreints d'alors ils n'auraient pu écouler les produits de leurs nombreuses métairies. En outre les seigneurs résidaient peu sur leurs terres, et quand ils y étaient, ils s'occupaient plus de chasse et de guerre que d'agriculture. Henri IV avait beau déclarer « hautement aux nobles qu'il voulait qu'ils s'accoutumassent à vivre chacun de son bien et pour cet effet qu'il

un bail passé entre un prieur et un fermier général. Nous en sommes d'autant plus persuadés que, dans la Mayenne, l'usage de prendre des fermiers généraux passa même dans les habitudes des seigneurs et que cette coutume se perpétua jusqu'aux débuts des temps modernes. Il s'agit d'un acte, en date du 12 déc. 1697, passé devant Mes François Dionis et Etienne Jousse, conseillers du roi, notaires, gardenotes et garde-scels au châtelet de Paris. Par cet acte, messire Pierre Courcier, prieur du prieuré de Notre-Dame de Changé près Laval, demeurant au cloître de l'Eglise Notre-Dame de Paris baille à titre de ferme à Me François Gillot, sieur de la Tousche, et à Renée Triforin, sa femme, demeurant en la ville de Laval, représentés par Louis Girard, bourgeois de Paris, demeurant audit cloître, auxquels il promet de faire ratifier les présentes et en fournir l'acte au bailleur, dans quinze jours pour tout délai, le temporel du prieuré de Changé, tant en fief qu'en domaine, maison, jardin, métairies, closeries, dîmes qui se perçoivent en la paroisse de Changé, en celle de Saint-Ouën-des-Toits, Saint-Germain-le-Fouilloux et ailleurs, à la charge pour les preneurs d'en payer chaque année au bailleur, en sa demeure, à Paris, la somme de 2.650 livres (Louis-Marie-François Guillier, *loc. cit.*, vol. 1, p. 232.

serait bien aise, puisqu'on jouissait de la paix, qu'ils allassent voir leurs maisons et donner ordre à faire valoir leurs terres », ceux-ci n'en préféraient pas moins le séjour agréable de la cour à la vie un peu rude de leurs châteaux ; ils abandonnaient la surveillance de leurs exploitations à des fermiers généraux.

Cet absentéisme ne fit que s'accentuer jusqu'au XVIIIe siècle. A cette époque, les grosses terres appartenaient à de grands seigneurs qui étaient auprès du roi, ou dans le service et à des officiers du parlement de Bretagne. Les autres terres passaient insensiblement aux mains des petits bourgeois.

« Dans les précédents siècles, écrit, vers 1680, Leclerc du Flècheray (1), avocat fiscal au siège ordinaire de Laval, c'est-à dire pendant que les comtes de Laval faisaient leur résidence à Laval et à Vitré, le pays était aussi peuplé de gentilshommes que peut être aujourd'hui le Craonnais. Il y en avait plus de 400 familles dans les 64 autres paroisses qui composent l'élection et à présent on ne saurait en trouver 30. On prétend en rendre raison en disant que, tout ainsi que les lapins chassent les lièvres d'un terroir, de même les marchands chassent les gentilshommes, c'est-à-dire que comme le commerce s'est augmenté et porté jusqu'au point qu'il a été dans le dernier siècle, et qui a enrichi plusieurs roturiers lesquels ont

1. *Documents relatifs à l'histoire du comté de Laval.* Laval, typographie de H. Godbert, 1860. p. 57.

ensuite, ou volontairement ou par force, déterré les nobles qui ont été contraints d'abandonner leurs terres en paiement de leurs dettes. »

Mais ces nouveaux possesseurs de terre étaient-ils plus favorables au métayage que les anciens ? Il faut se souvenir que la population mayennaise se tournait plus volontiers vers le commerce des toiles (1), qui faisait sa richesse, que vers l'agriculture qui laissait végéter ceux qui s'y livraient. Nous montrerons que pour bien diriger une métairie, il ne suffit pas d'en acheter une, mais qu'il faut encore apprendre le métier d'agriculteur.

Toutes ces causes que nous venons d'énumérer tendaient à arrêter le développement du métayage sur notre sol et à en diminuer l'importance. Mais nous allons voir que l'état de l'agriculture devait favoriser la création de métairies au détriment des fermes. Quand la terre rapporte peu, quand les paysans sont pauvres, quand l'agriculture ne prospère pas, le propriétaire préfère recourir au métayage qui lui conserve un revenu variable, mais sûr, plutôt qu'au fermage qui, trop souvent, dans de telles conditions, le laisse vivre d'espoir, les fermiers ne pouvant pas toujours acquitter ce qu'ils doivent.

La nature, si prodigue de ses dons envers d'autres départements, ne semblait les accorder qu'à regret à

1. Cette industrie fut importée dans le Maine au XIIIe siècle par Béatrix de Gavre, femme de Guy IX, comte de Laval.

celui de la Mayenne. « Le terroir est difficile et rude à labourer, écrivait Leclerc du Flècheray (1), les plus gros laboureurs ne peuvent ensemencer par chacun an que seize arpents qui sont vingt journaux (2) ou journées de labour qui est la commune mesure du pays. Il faut communément six bœufs et quatre chevaux pour traîner une charrue. Il y a très peu d'endroits qui se puissent passer avec quatre bœufs et deux chevaux et il y en a davantage où il faut huit bœufs et quatre chevaux pour ouvrir et rompre la terre et la préparer. Il lui faut communément trois façons et trois labourages et en plusieurs endroits quatre. » Un siècle plus tard de Miromesnil, intendant à la généralité de Tours, remarquait encore que « les terres du côté de Mayenne sont noires et difficiles au labour. Mais elles le sont encore davantage du côté de Laval » (3).

Dans toutes les métairies, un petit nombre de champs, et les meilleurs, était ensemencé alternativement en seigle de deux ans l'un. Les autres étaient abandonnés à eux-mêmes ; ils se couvraient bientôt de genêts ; à trois ans, on y faisait de distance en distance de larges percées, ce qui en facilitait le pâturage tout en donnant aux troupeaux de l'ombre en été et un abri en hiver. Au bout de 8, 10, 12 ou 15 ans,

1. *Documents relatifs à l'histoire du Comté de Laval, loc. cit.*, p. 11.

2. Le journal de Laval équivalait à 52 ares 76 centiares.

3. *Documents relatifs à l'histoire du Comté de Laval, loc. cit.*, p. 158.

selon que l'on se trouvait plus ou moins loin des landes, on abattait ces genêts, et la terre, enrichie par les détritus de cette végétation et par l'épais gazon poussé à son ombrage, donnait, même avec les minces fumiers dont on disposait alors, une excellente récolte de sarrasin suivie de trois céréales en six ans. Propriétaires et métayers, persuadés que les genêts reposaient la terre, trouvaient, en outre, dans cette culture, quelque avantage. Les genêts, dans leurs rameaux que l'on émondait, procuraient une litière alors rare, partant plus de fumier ; les branches plus fortes servaient au chauffage ; les racines étaient employées à brûler le gazon. Les métayers favorisaient le développement de cette plante, qui, poussant spontanément, ne donnait pas lieu à partage, et les propriétaires ne faisaient à cela aucun obstacle, car ces genêts formaient d'excellentes remises pour le gibier. Ne vit-on même pas, vers 1813, un propriétaire s'imaginer de planter de genêts un champ qui n'en produisait pas naturellement ; cette idée fit, au dire de M. de Bodard de la Jacopière (1), sensation parmi ses voisins. Aussi ne faut-il pas s'étonner de lire dans l'*Histoire de Laval* (2) que, au XVIIe siècle la moitié du pays était en landes couvertes de bruyères ou de petits ajoncs. Au début du XIXe siècle, il n'y avait pas

1. *Chroniques craonnaises*. Laval. Mary Beauchêne. 1869, p. 32.
2. Couanier de Launay. *Histoire de Laval*. Laval, Chailland, 1894.

encore de bonne métairie qui ne possédât, avec une grande châtaigneraie, quatre ou cinq hectares de genêts.

On cultivait le seigle, le méteil, l'avoine, l'orge et surtout le « carabin », blé noir ou sarrasin qui constituait la nourriture ordinaire des laboureurs. La perte de ce dernier produit, très sujet à manquer par suite des conditions climatériques qu'il exige, compromettait la subsistance de plus du tiers de la population du département. On calculait que cela se présentait une année sur deux ou trois. On ne trouvait presque pas de froment, si ce n'est dans la partie qu'on appelait Champagne-Hommet d'où les boulangers de Laval faisaient venir celui qu'ils employaient. Dans les terres de première classe, les bonnes années, le froment ne rapportait que 5 ou 6 pour un ; dans les terres de deuxième classe, et dans les années moyennes, 4 à 5 pour un.(3).

3. A la veille de la Révolution, l'agriculture se trouvait toujours en aussi pitoyable état. Nous lisons en effet dans les *Cahiers de plaintes et doléances des paroisses de la province du Maine pour les Etats généraux de 1789* :

« Tout le sol de Bazougers est une cosse grisâtre, vulgairement appelée Erge à l'Aître. Dans toutes les parties hautes formant près de la moitié de la paroisse, la terre n'est couverte que de six à huit pouces de terre et souvent moins. Cette terre vaine et froide, produit à peine du seigle ; elle s'affaisse sous les pluies abondantes d'hyver et les semences pourissent. Dans les hyvers froids, la surface des sillons se soulève, déchausse la racine des bleds, et les fait périr. Dans les hyvers doux, les seigles se développent assés jusqu'en mars et avril ; mais si mai et juin se trouvent secs, le plan et les épis restent vuides. De là, il arrive que

Le principal rapport des métairies se trouvait dans les ventes de bestiaux. Celles-ci, « les effouils » comme on les appelait alors, étaient estimées représenter le tiers du revenu des héritages. Les bœufs, d'abord utiles pour tirer la charrue, étaient ensuite vendus, comme de nos jours, aux marchands normands. On élevait

tous les ans, dans la paroisse, on voit des terrains ne produire que deux ou trois pour un des semences, et moins encore dans les mauvaises années... Les prés y sont rares et la plus part mauvais, faute de ruisseaux pour les aroser... L'aridité du sol ne comporte ni avoines, ni orges de printems. Les lins et chanvres n'y réussissent pas davantage ; et l'on n'emploie souvent, pour la filature, que des lins du dehors. Il s'y fait une très petite quantité de carabins ou bleds noirs, et jamais impunément ; les gros grains que l'on sème en retour des carabins, se trouvant toujours en souffrir beaucoup. Point de ressource d'ailleurs dans le fruit des arbres. Ils exigent une terre forte et un sol profond, et l'un et l'autre manque à Bazougers. En vain les propriétaires s'efforcent de planter ! au bout de 10 à 15 ans, le plan seiche et périt. »

« Lesdits habitants osent représenter à sa Majesté...

Que ladite paroisse d'Anthenaise (la Chapelle-Anthenaise) est, en général, d'un sol très mauvais, marécageux et argileux, raison pourquoy on y seme un quart de bled plus qu'ailleurs, d'autant qu'il n'y peut lever qu'en partie ou y périt dans l'hiver, et qu'au printems, ce qui en reste ne peut pousser un bon épy ; ce qui occasionne souvent qu'à peine, comme l'année dernière, on y recueille les semences qui se trouvent encore souvent étouffées par le bourrier et le foudre et par la fougère qui y vient en grande quantité.

Que la bruyère y sert presque partout d'une partie du pâturage des bestiaux dans les champs et même dans beaucoup de prés, y ayant une grande partie des lieux en lande. » (*Cahiers des plaintes et doléances des paroisses de la province du Maine pour les états généraux de* 1789. Publication d'après les originaux, commencée par Feu M. Armand Bellée, archiviste de la Sarthe et continuée par M. Victor Duchemin, son successeur. Le Mans, Monnoyer ; Paris, Champion, 1881).

aussi des vaches et des chevaux de petite taille, mais forts et vigoureux.

Quoique la vaste étendue des landes eût permis d'entretenir des bergeries assez peuplées, les brebis n'étaient qu'en petit nombre. Les landes étaient situées d'ordinaire dans le voisinage des forêts ou des taillis, il eût fallu garder le troupeau et souvent le défendre. La vie solitaire et aventureuse du berger ne convenait pas au paysan bas-manceau, calme, positif et pas trop brave.

« Le revenu de tous ces domaines, de quarante à cinquante arpents, est ordinairement de 300 livres environ. Il est vrai qu'en quelques endroits, soit par la surexcellence du terroir, soit par l'industrie du laboureur, il se trouve de ces domaines qui vont jusqu'à 350, 400 livres et même 10 qui vont jusqu'à 500 livres : on n'en connaît que deux qui aillent à 600 livres : Savigné, paroisse de Louvigné, appartenant à M. le marquis du Bordage, et Poucé, paroisse d'Astillé, apparnant à la dame de la Ferrière (1). »

Le métayer se contentait de recueillir ce qui lui était nécessaire pour sa consommation ; il donnait pareille part à son maître. Il ne cherchait pas à augmenter ses bénéfices par une culture plus savante ; la routine lui interdisait un tel raisonnement. Il vieillissait tranquillement dans sa métairie, ses enfants étaient sûrs d'y vieillir, que pouvait-il désirer de plus. Il

1. Leclerc du Flécheray, *loc. cit.*, p. 66.

devait résulter de cette apathie dans laquelle s'entretenait le laboureur et dans laquelle le laissait s'endormir le propriétaire, de graves conséquences.

Loin de fournir la consommation du pays, la récolte présentait chaque année un déficit considérable qui entretenait un état permanent de disette, dégénérant souvent en d'affreuses famines quand les grains n'arrivaient pas assez vite de l'extérieur. Un historien, M. de Bodard de la Jacopière, ayant eu la curiosité de compter le nombre d'années de disette qui ont sévi sur notre province, en a relevé 121 en 12 siècles soit une en 10 ans (1). Il ne faudrait pas croire qu'il ne s'agisse là que de récoltes moins abondantes que les années moyennes. Ainsi en 1709, un terrible hiver, joint aux charges de la guerre de Succession d'Espagne, succéda à la famine et à la dyssentrie commencées en l'année 1708. « A Courbeveille des maisons furent entièrement vidées de leurs habitants. On verra par les registres, dit le curé, le nombre des morts, sans compter un grand nombre d'enfants qui n'ont pas été inscrits. Le froid ne dura que quinze jours, mais avec une violence toujours croissante. » La récolte ne fut que du sixième d'une année moyenne.

1. *Chroniques craonnaises, loc. cit.*

Voici pour les siècles que nous étudions les années néfastes pour l'agriculture :

xvie : 13 années de disette : 1505, de 1528 à 1533, 1538, 1552, 1573, 1574, 1595.

xviie : 9 années de disette : de 1660 à 1665, 1683, de 1693 à 1695.

xviiie : 5 années de disette : 1708 à 1710, 1775, 1795.

Outre ces dates que M. de Bodard de la Jacopière a notées comme particulièrement attristantes, il faudrait en retenir beaucoup d'autres si l'on voulait savoir toutes les années où le blé manquait. Nous avons ainsi remarqué les doléances qu'une lavalloise écrivait au XVIIIe siècle à une de ses amies (1) :

Laval, 13 juin 1766 : « Nous sommes à la veille d'une famine à Laval, si Dieu n'a pitié de nous. Samedi il pensa y avoir une sédition. Il n'y avait pas de blé au marché, il alla jusqu'à 4 livres. »

Laval, 8 avril 1767 : « La viande est extrêmement chère, les bestiaux se vendent comme au temps des billets (2) et encore n'en trouve-t-on pas. »

Laval, 5 juin 1768 : « Le blé diminue. Il y a 15 jours on le vendait 50 sous le boisseau, il y a 8 jours 44 et 43. Il est bien venu 12.000 boisseaux de blé ce qui a causé la diminution du prix. J'oubliais de te dire que le vendredi d'après que je t'ai écrit, il fit un orage très violent avec une grêle qui a fait des dommages infinis partout où elle a passé, coupé les blés, dépouillé les arbres. On a pesé des grains de grêle qui étaient de demi-livre. Le nuage était si noir que je n'aurais pas vu lire et la pluie si abondante que le faubourg était inondé. »

Ce déplorable état de l'agriculture qui tenait aux

1. E. Quernau-Lamerie. *La vie à Laval au XVIIIe siècle.* Extraits des correspondances de Mmes Lemonnier de la Jourdonnière et Rayer Dulignon. Laval, Léon Moreau. 1883.

2. Banque Law.

raisons que nous venons de signaler, la mauvaise qualité du sol, l'insouciance et l'esprit de routine du laboureur, le manque de surveillance du propriétaire, avait encore son origine dans d'autres causes : le défaut d'engrais, les chemins et voies de communication défectueux, les impôts onéreux, la guerre, les loups.

Les engrais étaient indispensables pour rendre féconde une terre aussi argileuse et compacte que celle du Bas-Maine. Or le paysan n'avait, à ce point de vue, que peu de ressources. Nous avons vu qu'il employait les genêts coupés après un certain laps de temps, les fumiers et poudrettes, quelquefois les cendres lessivées des blanchisseries. Ce n'est qu'à la fin du XVIIIe siècle que la chaux fait son apparition dans notre arrondissement. De là devait résulter des récoltes abondantes, mais aussi l'épuisement du sol par un emploi exagéré de cet amendement. Quand, en 1865, lors d'une enquête du ministère de l'Agriculture sur les engrais industriels (1), M. Boussingault demandait à M. Moreul, ancien directeur de la ferme école du Camp : « En somme la chaux a transformé votre pays » ? celui-ci répondait : « Les routes d'abord. Les routes nous ont donné la chaux ; elles ont permis l'accès des engrais et le transport des produits. »

Qu'étaient en effet les routes du Bas-Maine avant

1. Ministère de l'agriculture, du commerce, des travaux publics. *Enquête sur les engrais industriels*. Paris, Imprimerie impériale, 1865.

cette époque ? De Miromesnil écrivait (1), au XVIIIe siècle : « Les chemins sont quasi impraticables à cause des collines, des vallons et de la qualité du terrain qui produit une espèce de boue bitumineuse, joint à cela que les chemins sont fort étroits et couverts d'arbres qui entretiennent l'humidité des terres et empêchent qu'elles ne sèchent, ce qui rend les voitures très difficiles. »

Les chemins étaient presque tous encaissés entre deux épaisses haies d'épines. Les cultivateurs eux-mêmes les dégradaient journellement en les excavant pour enlever la terre végétale à mesure qu'elle s'y formait. Toutes les routes aboutissant à Laval, à peine viables en été, devenaient absolument impraticables pendant la mauvaise saison. Elles n'étaient en outre pas sûres pour la bourse. Comme aucune surveillance n'y était exercée, les voleurs pouvaient y opérer impunément.

Enfin, entravant tout trafic, nombreux étaient les ponts à péage. M. de la Trémoïlle, selon la coutume du Maine, prélevait sur eux un droit de trois deniers par bœuf les jours ordinaires et de quatre deniers les jours de foire. Ses officiers prétendaient que ce droit n'était pas suffisant pour leur entretien dans un temps où la journée de maçon se payait 12 à 14 sols.

Ce fut Louis XV qui ordonna dans notre contrée

1. *Documents relatifs à l'histoire du Comté de Laval, loc. cit.*, p. 159.

l'ouverture des grands chemins royaux. La première route datant de cette époque fut celle de Paris à Rennes par Mayenne et Laval. Commencée en 1733, elle fut achevée en 1745. Vers le même temps furent construites celles de Laval à Craon, à Tours, au Mans, à Angers. Ce n'est qu'en 1832, que Louis-Philippe, à la suite des soulèvements provoqués par la duchesse de Berry, décida l'ouverture de nombreuses routes stratégiques. De cette date à 1867, 3.045 kilomètres de voies nouvelles furent livrés à la circulation. Même en 1867, pour toutes les exploitations qui n'étaient pas immédiatement desservies par des chemins vicinaux, il était encore impossible de faire sortir les produits en grains autrement que par demi-charge ; ce n'est qu'au moment où l'on atteignait une voie publique entretenue que les chargements pouvaient se compléter (1).

Sous l'ancien régime, les impôts, mal répartis, étaient un lourd fardeau pour l'habitant des campagnes; or, l'élection de Laval était tout particulièrement atteinte. Des auteurs (2) vont même jusqu'à prétendre que dans celle-ci les métairies étaient trois et quatre fois plus imposées que celles des élections voisines. Nous trouvons plusieurs explications de ce fait.

1. Ministère de l'agriculture, du commerce et des travaux publics. *Enquête agricole*. Deuxième série. 2e circonscription. Paris. Imprimerie Impériale, 1867.

2. H. Baudrillart. *Les populations agricoles de la France*. Paris, Guillaumin, 1888.

Leclerc du Flécheray (1) nous donne à ce sujet un premier éclaircissement.

« Comme on voit, proche de Paris et dans tous les pays de plaine, qu'un laboureur avec une charrue est un homme d'importance qui fait valoir 1.000, 1.500 ou 2.000 livres d'héritages, on traite les laboureurs sur ce pied et on suppose au conseil que les laboureurs de nos quartiers, qui ont tous chacun une charrue, sont de la force de ceux de Paris, de Beauce et de Sologne, quoiqu'ils soient bien éloignés les uns des autres n'y ayant point de laboureurs qui, dans ce pays, puissent, avec une charrue, faire valoir plus de 400 livres d'héritages. »

En outre, les receveurs des tailles et autres impositions se livraient à un calcul fiscal singulier, mais lucratif. Ils avaient remarqué que nombre de métairies étaient possédées par de riches commerçants de la ville, et ils supposaient, avec juste raison, car les faits ne venaient jamais démentir ce raisonnement, que les laboureurs, trop surchargés d'impôts, auraient recours à leur propriétaire qui trouverait encore son bénéfice à ce que ceux-ci ne soient pas emprisonnés. Les receveurs, bien payés, faisaient savoir aux intendants que l'on pouvait, sans crainte, imposer un pays qui donnait toujours ce qu'on lui demandait. La taille montait ainsi au tiers du revenu de la ferme.

1. *Documents relatifs à l'histoire du Comté de Laval*, *loc. cit.*, p. 65.

Le pays, situé entre la Mayenne et la Bretagne, était de plus lourdement grevé par la gabelle. Il dépendait du grenier à sel de la Gravelle qui faisait payer aux 33 paroisses sur lequel il s'étendait une taxe double de celle imposée par celui de Laval. Outre la quantité de sel imposée à chaque habitant, les paysans devaient de temps en temps accepter quelque supplément extraordinaire, quand, par exemple, ils avaient un porc à saler pour leur consommation domestique.

Enfin, sous la Révolution, les émissions de papier-monnaie, dernier et inutile subterfuge pour relever des finances obérées, ne devaient pas être sans influence sur l'agriculture, mais les métayers avaient naturellement moins à souffrir que les fermiers de cet état de chose. Nous trouvons, dans les baux du XVIIIe siècle, plusieurs allusions au triste souvenir qu'avaient laissé, dans les esprits des propriétaires, les ruines que ces émissions avaient entraînées. Ainsi un bail de la Goupillère de 1798 porte :

« Les preneurs me payeront chacun an ledit jour premier novembre la somme de sept cents francs, et continueront ainsi d'année en année jusqu'à l'expiration du présent bail. En cas d'émission de papier monnoye ayant un cours forcé dans le commerce ou d'altération quelleconque dans les monnoyes qui ont cours actuellement, le présent bail demeurera nul et résilié de plein droit et l'année commencée sera seulement parachevée ; le bail à ferme sera converti en colonie partiaire à partir du 1er novembre suivant, clause expresse sans laquelle je n'aurois pas consenti le présent bail. »

Les agriculteurs, accablés déjà par les incessants appels d'argent que leur demandait le pays, avaient encore à supporter tous les inconvénients des guerres. Si elles faisaient la grandeur de la France, elles n'étaient pas sans nuire aux laboureurs. Le Bas-Maine, par sa situation sur les limites de la Bretagne, eut à subir maintes campagnes, et de nombreux passages de troupes. Les guerres de religion doivent compter parmi celles qui éprouvèrent le plus ce pays.

La royauté, préoccupée des ennemis extérieurs de la France et des luttes intestines qui trop souvent la déchiraient, ne pouvait s'occuper de la police des provinces avec tout le soin que celle-ci eût exigé à une époque où les voies de communication étaient impraticables. C'était le beau temps des voleurs. C'est ainsi que l'on vit en 1505, les Frémond causer de grands dommages dans nos campagnes. Ils enlevaient les moutons de jour aussi bien que de nuit, sur les champs ou dans les bergeries ; ils emportaient seulement les peaux et les toisons et laissaient les cadavres aux métayers.

Les laboureurs devaient encore défendre leurs bestiaux contre de terribles fauves. Le Maine était infesté de loups qui faisaient de grands ravages dans les troupeaux. Les comptes des métayers sont remplis de leurs méfaits ; tels ceux de la Richardais (1) :

1. Paroisse de Louvigné.

Août 1738 : « Le loup a mangé un aigniau. »

Août 1739 : « Il m'a dit que le loup luy avoit mangé 2 aigniaux » et ceux de Létangbeure (1) :

« Le 30 novembre 1741 la métayère de Létangbeure est venue me dire que le loup a mangé un de ses chevaux et en a perdu un autre (2). »

On se demandera peut-être comment, avec de si pauvres moyens, des idées aussi arriérées, des obstacles si nombreux au développement de l'agriculture, les laboureurs pouvaient vivre dans une certaine aisance. C'est qu'alors ils avaient pour ressource une culture précieuse, celle du lin ; pour elle, étaient réservés les engrais et les meilleures terres. M. de Bodard de la Jacopière (3) nous fait un tableau charmant de ce qu'était, dans les campagnes, l'industrie à laquelle le lin donnait alors naissance :

« Dès qu'un enfant pouvait filer, fille ou garçon, on lui mettait en main une quenouille ; avec un rouet, une fille gagnait sa dot ou se mettait à l'abri de la misère. On filait en gardant les moutons. A la maison, dès que les soins du ménage le permettaient, on se remettait au rouet. Faisait-il beau, les commères se rassemblaient à leurs portes ; le rouet et le caquet, tout allait à la fois. Dans les longues soirées d'hiver, à la lueur rougeâtre et douteuse d'une bougie de résine, les enfants s'endormaient au bruit monotone

1. Paroisse de Changé.
2. Comptes de Duchemin du Tertre, *loc. cit.*
3. *Chroniques craonnaises*, *loc. cit.*, p. 29.

du rouet, mêlé aux refrains traînants des complaintes, ou des Noels sans fin de nos fileuses. Bref, la filature était la richesse de nos populations et une ressource qui, jusqu'ici, n'a pu être remplacée pour les femmes, les enfants, les infirmes. Beaucoup de fermiers payaient leur ferme avec le fil de leur femme et de leurs enfants. »

On pourrait croire que cette industrie qui enrichissait nos campagnes amenait, avec le bien-être dans les familles des laboureurs, un obstacle au développement du métayage. Il n'en était rien, car le produit de ce travail ne donnait pas lieu à partage. Tout l'argent qui en provenait restait en effet aux paysans, à part les quelques redevances peu importantes et peu fréquentes que nous avons notées précédemment et consistant dans le filage de quelques livres de poupées de lin. Cette dernière considération s'ajoutant à celles que nous avons déjà signalées, permet de nous rendre mieux compte de tout l'attrait que le métayage devait présenter pour les paysans, de saisir d'une façon plus claire encore, les raisons pour lesquelles ce contrat s'est continué dans notre pays, depuis l'époque lointaine où nous l'avons vu éclore jusqu'à nos jours, et de comprendre que, malgré les idées des propriétaires du sol, opposés par principe à ce mode de faire-valoir, il s'est imposé à eux comme une nécessité et un pis-aller.

Avant de terminer ce chapitre, nous voudrions maintenant brièvement montrer quelles étaient les relations de propriétaires à colons, quelle était la vie du métayer pendant les siècles que nous venons d'étudier.

Dans les recherches que nous avons faites sur le métayage aux XIVe et XVe siècles, nous n'avons rien trouvé qui nous permît de supposer que bailleur et preneur s'entendaient entre eux au cours du bail, pour diriger, d'un commun accord, l'exploitation au mieux de leurs intérêts. Depuis le XVIe siècle, il n'en est plus de même. Le métayage devient une véritable association. Ce n'est plus un contrat rigide qui impose au laboureur, par bail, des conditions dont il ne pourra plus désormais s'affranchir ; propriétaires et colons tiennent compte désormais des circonstances pour agir. Nous ne voulons en donner que deux exemples que nous empruntons au début du XVIIIe siècle (1) :

« Convenu que Richardais au lieu de la charette de paille qu'il doit, n'amènera qu'une chartée de chaume à cause du peu de foin qu'il y a cette année. »

« Led. jour j'ay convenu avec Petite Lande de payer moitié par moitié ce qu'il en coustera pour faire les ruisseaux qui seront nécessaires d'estre faits au travers des prés dud. lieu. »

Faut-il s'étonner après cela que, plus volontiers et plus fréquemment encore qu'au XIVe siècle, le propriétaire avançât de l'argent à ses métayers quand ils en avaient besoin, et cherchât à augmenter leur crédit

1. Comptes de Duchemin du Tertre, *loc cit.*

en se portant, à l'occasion, garant de leur solvabilité. En 1691, dans le bail de sa métairie de la Graverie, passé avec Pierre Oustin et Françoise Atibaude, son épouse, M. René Pichot « s'oblige de fournir et donner au commensement du présent bail cinq charges de blé seigle pour aide à leur noriture, lesquels ils s'obligent de rendre une charge par chacune année. »

Le 9 avril 1742 « la métayère de la Baugraudière n'ayant plus de fourages et craignant de perdre ses bestiaux fait qu'elle a achepté ce jourd'hui de M. Devernay 400 L. de foin à raison de 30 l. le mille montant 12 l. pour la moitié desquels je luy ay donné 6 l. led. jour. La métayère n'ayant pas d'argent pour luy en payer sa moitié, led. sieur Devernay luy en a fait crédit jusqu'à la Saint-Jean sur la promesse que je luy ay fait que si elle n'y satisfaicsoit pas dans ce temps-la je luy payera 6 l. que je retiendray sur les effouils qu'elle fera. »

Sans doute les titres fièrement revendiqués de seigneur, messire, maître, honorable, sieur, bourgeois, créaient dans la société des classes bien tranchées, mais au fond, cet état de chose n'empêchait pas grands et petits d'être unis dans une confiance mutuelle plus étroite qu'on ne le suppose quelquefois. Bien souvent, au XVIIe siècle, au dire de l'abbé Charles Maillard (1) « les personnages titrés sont appelés

1. *Chroniques paroissiales de Maisoncelles*, *loc. cit.*, pp. 127-129.

comme parrains et marraines dans les baptêmes et témoins dans les mariages ; chez les Talvat, chez les Quentin, il n'y a guère d'événements de famille sans qu'un seigneur, une demoiselle, un honorable quelconque y ait son rôle réservé.... Au commencement du XVIIIe siècle, ces bonnes relations persistaient encore. En 1727, dans un mariage de Culier, métayer à la Pasquerie, avec une Jeanne Simon, apparaissent comme témoins : Marie Ricordeau ; de Préau ; J. Fréard de Préau ; R. de la Roche. »

Le paysan vivait chez lui en patriarche, libre, mêlé aux affaires de sa paroisse ; il avait ses droits que le plus fort pouvait quelquefois méconnaître, cela n'est pas particulier à cette époque, mais que la conscience défendait habituellement contre ceux qui auraient eu la puissance de les atteindre.

La maison des métayers (1), construite primitivement en torchis, puis en pierre, couverte en chaume ou en ardoise, comprenait en général une grande salle. Voici du reste un état de lieu (2) qui, mieux qu'une longue description, permettra de connaître ce qu'était la demeure d'un laboureur. Nous donnerons ensuite l'inventaire des biens d'un métayer au

1. Les métayers et fermiers élevaient ordinairement leurs bâtiments près de ceux de leurs voisins. Ces groupements de maisons formaient de petits villages qui comprenaient parfois les habitations de 4 à 5 métairies ou fermes.

2. Prisée et montrée du lieu de la Bréhaudière, 1767.

XVIIe siècle (1) qui donne quelque idée du degré d'aisance auquel étaient déjà parvenus les paysans.

« Que la porte de la maison tourne sur pivot de fer par le hault et par le bas et ferme de clef, laquelle porte est en estat de servir. La fenestre proche la porte n'a aucune closture qu'un bareau de bois laquelle fenestre sera garnie de verre, qu'à l'autre fenestre il n'y a qu'un barreau de fer de peu de valleur, sans loquet et sans vitral, qu'à la cheminée il y a un gond de fert, le foyer est carlé de pierre brutte mal arangée, que dans l'aire de la place il y a plusieurs concavités.

« Que la porte du cellier tourne sur pivots de bois laquelle porte ferme de clef et est en estat de servir, que les fenestres du dit cellier n'ont aucunes fermetures. »

27 janvier 1671. Inventaire de la communauté d'Isaac Cordier laboureur et de défunte Jacqueline Angot (un enfant Sébastien-Joseph) demeurant au Grand Garoulay en Avenières (2).

Une table de bois de chesne enfoncée et fermant de clef avec deux bancelles, 6 l.

Un grand coffre de bois de chesne fermant de clef, 4 l.

1. Nous devons cet inventaire à M. J.-M. Richard qui a bien voulu nous le communiquer.

2. Il a un valet Michel Rocher, une servante Marguerite Cordier.

Une petite paire d'armoire de bois de chesne fermant à huissets (1) et deux serrures, 12 l.

Un grand vieil coffre de bois de chesne aussy fermant de clef, 60 s.

Un vieil marchepied aussy fermant de clef, 40 s.

Une huge de bois de chesne neufve fermant en partie de clef, 10 l.

Un chaslit de bois de chesne enfoncé par le hault, 100 s.

Un autre chaslit de bois de chesne, 100 s.

Un escabeau de bois de chesne, 10 s.

Quatre olles à s'asseoir, 8 s.

Un vieil chaslit, 35 s.

Une establie, 20 s.

Trois ais, 10 s.

Lict.

Deux courtines de toile avec chef, 4 l.

Une petite mante de lict blanc, 60 s.

Une couverte de sarge sur fil blanche, 40 s.

Une autre vieille couverte de lict, 15 s.

Une couette et un petit travers lict de vieille plume d'orge ensouillée de toile, 48 s.

Habits à usage d'homme.

Un hault de chausses avec une petite casaque de sarge sur deux estains (2) grise, 100 s.

Un vieil juste à corps de sarge brune, 10 s.

1. Demi-porte.
2. Tricot, gros drap.

Un vieil chapeau et un bonnet de bonneterie, 20 s

Un vieil bas de chausse de sarge blanche et une paire de tricquehousse (1) de toile, 15 s.

Habits de la deffuncte.

Un cotillon de sarge sur deux estains et une paire de brassières de mesme estoffe de couleur brune, 110 s.

Un autre cotillon de sarge sur deux estains couleur viollet, 100 s.

Un cotillon d'estamine et des brassières d'estamine grise, 6 l.

Une vieille paire de brassières grises et un corset picqué couvert de sarge verte, 60 s.

Deux vieilles paires de chausses de sarge, 8 s.

Une vieille paire de soulliers, 15 s.

Un devanteau (2) de sarge grise, 25 s.

Linge.

Six petits draps de lict de cinq aulnes le couple de grosse toile, 7 l. 10 s.

Deux petites napes, 24 s.

Quatre chemises à usage de femme, 48 s.

Six chemises à usage d'homme, 60 s.

Le menu linge de la deffuncte consistant en 4 mouchouers, 4 coueffes et 2 bandeaux de toile blanche, 6 l.

Quatre vieilles coueffes de toile à usage de femme et deux coueffes de bonnet pour homme, 20 s.

1. Guêtres grandes et fortes que les paysans portaient autrefois.
2. Tablier de femme.

Quatre autres coueffes de grosse toile à usage de femme, 20 s.

Une vieille paire de brassières de toile et une de devanteaux aussy de toile, 12 s.

Vaisselle d'estain, poisles, chaudrons et ferraille.

Vingt-huit livres d'estain en vaisseaux creux et plats, 16 l. 16 s.

Deux vieils chaudrons d'airain, deux petits bassins aussy d'airain, 4 l. 10 s.

Une poisle à frire, 20 s.

Deux petits chenets de fer, 30 s.

Une cramaillère et un cramaillé et un gril de fer, 30 s.

Une palette de feu, 3 s.

Un fusil, 60 s.

Une marmite de fer de fonte avec sa cuiller, 40 s.

Un poids à crochet, 20 s.

Une cloche à faire cuire fruict avec son escuelle, de peu de valeur, 10 s.

Autres meubles.

Deux mortiers de terre et autre poterie, 60 s.

Une petite lanterne, 8 s.

Un baston ferré, 15 s.

Huict fusts de pippe, 8 l.

Une civiere rouliere, 20 s.

Bestiaux.

Deux bœufs de cinq ans et 4 bouvards, 150 l.

Deux taureaux venant à deux ans, 27 l.

Quatre vaches et un veau de lait, 80 l.

Cinq veaux de l'année dernière, quatre masle et une femelle, 40 l.

Quatre pièces de chevaux tant masles que femelles, estimés ensemble 30 l., attendu qu'il y en a deux de nulle valeur, 30 l.

Quatre cochons de nourriture, deux masles et deux femelles, 15 l.

Vingt pièces de bagerie tant mères que moutons, 45 l.

Trois oyes, 30 s.

(Ce qui fait pour la moitié 194 l. 5 s.).

Chartes, charrues, harnois.

Deux chartes ferrées avec leurs ustensiles, 50 l.

Deux charrues avec leurs rouelles, apprétées de harnois, chaynots, couroyes et paremens, 20 l.

Deux palles ferrées, deux tranches, un croc, une fourche de fer, un broc, 60 s.

Une dolloire, deux hachereaux, un scyot, un vilebrequin, un clavereuil (1), un voulge, une hache couchoire et un ciseau, 100 s.

Les outils à relier tonneaux, 20 s.

Cinq faucilles, 20 s.

Deux vieilles faulx, une paire de batemens et un riflard (2), 35 s.

1. Tarière.

2. Marteau à manche de fer dont le manche sert au faucheur pour aiguiser sa faux.

Provisions.

24 boisseaux de bled seigle, estimé 17 s. le boisseau, 68 l.

Une pippe de cidre pleine et quelque reste d'autre cidre, 9 l.

Un charnier de bois dans lequel il y a du lard salé, 15 l.

L'ensemencé de cette année est de 67 boisseaux de blé à 17 s. le boisseau.

CHAPITRE IV

LE MÉTAYAGE DANS LES TEMPS MODERNES

SECTION I

Le contrat de métayage

« Le bail à colonat partiaire, étant un contrat consensuel, est parfait dès qu'il y a accord de volontés. La rédaction d'un écrit n'est donc pas une condition d'existence du contrat, elle constitue uniquement un moyen qui permettra de prévenir les contestations sur l'existence, la durée ou les conditions de ce contrat (1). »

Aux XVIe, XVIIe et XVIIIe siècles, les baux, nous en

1. *Traité théorique et pratique du Métayage*. Marcelin Bouissou et Georges Turlin. Paris, Arthur Rousseau, 1897, p. 75.

avons fait la remarque, étaient tous fort semblables entre eux, ils ne faisaient que rappeler les principes qu'avait établis l'usage. Quand celui-ci fut rédigé par écrit, les baux par acte notarié et par acte sous seing privé devaient perdre la plus grande partie de leur utilité et être remplacés, plus ou moins complètement, par des conventions verbales. C'est la transformation qui s'est accomplie dans la Mayenne. La plupart des baux de métairie sont aujourd'hui des baux faits sans écrit, des baux verbaux.

En 1843, parut le premier recueil des *Usages Ruraux des deux cantons de Laval*, publié par M. Quéruau-Lamerie, maire de Laval, président, et M. Antoine Lefizelier, secrétaire du comice de cette ville, il avait été soumis aux membres du Comice agricole et à un grand nombre de juges de paix et d'experts de cet arrondissement. Quelques années plus tard, le 12 juin 1858, une commission de 8 membres « avec le concours de MM. les membres du comice agricole de Laval, les juges de paix, notaires, avoués et experts de l'arrondissement » rédigeait le *Recueil des Usages Ruraux de l'Arrondissement de Laval* qui est encore en usage aujourd'hui. Cette petite brochure, composée de 111 articles, se trouve entre les mains de tous les propriétaires et laboureurs ; elle est plus connue par les paysans que la loi du 18 juillet 1889 dont ils ignorent généralement l'existence. A défaut de conventions spéciales, elle sert de loi entre les parties.

Pour connaître ce qu'est le métayage dans notre arrondissement et savoir comment il s'y pratique de nos jours, c'est donc à ce recueil que nous nous en référerons. Fort complet, il contient la solution de la plupart des questions que peut soulever le contrat que nous étudions.

« La durée du bail fait sans écrit et de la tacite reconduction est d'une année » (art. 1, *Usages Ruraux*). Ces baux si courts n'ont cessé d'être représentés par de nombreux économistes comme un des graves inconvénients de notre contrat. Peut-être ces critiques n'ont-ils pas assez envisagé la question au point de vue pratique. Le métayage est un contrat dont la base essentielle est la bonne harmonie régnant entre propriétaire et laboureur. Quand celle-ci vient à disparaître, inutile de prolonger une situation qui ne peut produire que de mauvais résultats. Du reste nous constaterons plus tard, que, dans la Mayenne, l'annualité des baux, n'entraîne pas, sur les terres, un changement fréquent de colons et que nombreuses sont les familles qui se succèdent de génération en génération dans la même exploitation. M. Rérolle (1) prétend même que, dans les pays où existe ce régime tant décrié du métayage à l'année, les cultivateurs se maintiennent plus longtemps sur leur domaine que dans les pays de fermage.

Les baux partent presque tous du 1er novembre.

1. Lucien Rérolle, *loc. cit*, p. 305.

Le déménagement et l'emménagement n'ont lieu que le lendemain (Art. 1 *U. R.*). L'administration centrale du département de la Mayenne, en l'an VII, malgré une tradition séculaire, avait bien essayé de fixer l'ouverture et l'expiration des locations rurales au premier floréal (1) de chaque année, mais elle

1. 20 avril.

Voici quelques fragments de cet arrêté :

Séance du 21 floréal, l'an 7 de la République Française une et indivisible :

... L'administration centrale après avoir consulté les administrations municipales des divers points de son arrondissement, recueilli les renseignements des Agronomes les plus expérimentés et s'être entourée des lumières de la société libre d'Agriculture de ce Département...

Considérant que l'intérêt général commande que cette nouvelle fixation s'accorde avec le genre de culture adopté dans l'ensemble du Département, que l'influence qu'elle doit exercer sur les conventions entre Particuliers et les transactions sociales exige qu'elle soit établie, connue et pratiquée simultanément dans toute l'étendue du Département ;

Reconnaissant qu'un seul terme de Location pour les biens ruraux est plus avantageux à l'agriculture ;

Considérant que le terme du 1er floréal offre non seulement l'avantage essentiel de se rapprocher autant que possible de plusieurs termes jusqu'ici en usage dans la majeure partie du Département, mais encore la sûreté, pour le Fermier entrant, de trouver, à défaut de fourrages, des herbes et pâturages pour les Bestiaux ;

Qu'à cette époque il est encore temps de faire tous les labours, excepté ceux en jachères pour les Bleds-noirs et les Orges ;

Qu'à cette époque, les Foires sont plus fréquentes et plus favorables que dans toute autre saison, soit pour vendre, soit pour acheter, conséquemment avantageuses, et au Fermier sortant, dans le cas où son successeur ne se chargerait pas de ses bestiaux et à celui-ci pour faire ses achats ;

Que cette époque ne présente aucun inconvénient pour la faune put faire admettre semblable prétention. Exemple frappant qu'il ne suffit pas au législateur de faire une loi pour changer les us et coutumes d'un pays ; le travail d'une heure ne peut démolir aussi rapidement ce que les siècles ont établi. La loi du 18 juillet 1889, s'inspirant de cette idée, avait donc bien raison de ne fixer pour le bail à colonat partiaire, qui était régi par les coutumes, que les grands principes géné-

chaison, en fixant la clôture des Prés, au 1er Pluviôse, qu'elle ne laisse aucun inconvénient pour la récolte des fruits, qui incombe de droit au Fermier entrant...

Considérant que cette époque ne laisse d'autres rapports entre le Fermier sortant et son successeur, que ceux de la récolte et des triturages des grains d'hyver semés par le sortant et qu'il doit recueillir et récolter.

Le commissaire du Directoire exécutif près ladite administration centrale entendu dans ses conclusions,

Arrête les dispositions suivantes :

Article Premier.

L'ouverture et l'expiration des Locations rurales, soit à bail, soit à colonie partiaire, tous termes de paiement de loyers ou fermages sont fixés dans l'étendue de ce département, au 1er floréal de chaque année...

IV

Les Notaires, Huissiers et autres Officiers publics ne pourront rappeler ni faire revivre les époques anciennes de quelque manière et sous quelque prétexte que ce soit, dans tous les baux, contrats, quittances et exploits qu'ils donneront à l'avenir... (Extrait des registres des *Arrêtés de l'administration centrale du département de la Mayenne.* Laval, Rébullier, 21 prairial an 7 (Bibliothèque de Laval, n° 32845).

raux et de s'en référer, pour le surplus, à l'usage des lieux.

Lorsqu'un colon succède à un autre, il est fait une montrée ou état des lieux, dont les frais sont supportés pour moitié par le laboureur entrant et pour moitié par le laboureur sortant ; à défaut de montrée, les lieux sont présumés, jusqu'à preuve contraire, en bon état de réparations locatives (art. 37 *U. R.*).

Le propriétaire s'engage, envers le métayer, à délivrer et à garantir, contre tout trouble de droit (1), sa métairie entière avec tous les accessoires qu'elle peut avoir. Il se conserve cependant le droit de chasse et le droit de pèche (art. 3 *U. R.* et art. 5 Loi du 18 juillet 1889).

Les instruments aratoires nécessaires à l'exploitation sont acquis entièrement par le colon. Les semences sont fournies à moitié par le preneur et par le bailleur (art. 73 *U. R.*).

Contrairement à ce qui se passe dans les pays pauvres, où le métayage existe, dans la Mayenne, après avoir longtemps été indécis, l'usage s'est définitivement fixé en ce sens que le colon partiaire fournit, à son entrée sur la terre. la moitié des bestiaux.

1. Les troubles de droit consistent dans la prétention d'autrui d'avoir un droit sur la chose louée. au lieu que, par troubles de fait, on entend de simples voies de fait, c'est-à-dire des délits ou des quasi-délits, commis par un tiers qui ne prétend d'ailleurs à aucun droit sur la chose, mais qui cause un dommage au colon dans la perception des fruits (Bouissou et Turlin, *loc. cit.*. p. 143 et 145).

C'est la règle générale. Mais il arrive quelquefois que le propriétaire, en présence d'un laboureur qui lui offre toutes les garanties pour une bonne exploitation, malgré le peu de fortune dont il dispose, n'hésite pas à faire à celui-ci l'avance de l'argent qui lui manque pour acquérir sa part d'animaux. Il recouvrera cette somme progressivement, au cours de la gestion et il trouvera encore, bien souvent, avantage à cette combinaison.

Du reste la charge qui incombe au laboureur, par suite de cette obligation de fournir la moitié des bestiaux est assez considérable. Le cheptel se compose au moins d'une tête de gros bétail par hectare. En 1872, d'après M. Le Breton (1), sur une ferme de 26 hectares, le métayer avait dû fournir 2.655 francs pour sa part de cheptel, or les dépenses que lui imposait l'acquisition des instruments, du mobilier, du capital d'exploitation montaient déjà à 5.345 francs, ce qui faisait au total 8.000 francs. Cette somme déjà importante n'a pu que s'accroître depuis cette époque ; les instruments aratoires plus perfectionnés, l'usage plus répandu des engrais exigent un premier fonds plus considérable encore.

1. Le Breton, *loc cit.* — Dans cette estimation, le prix peut naturellement varier dans d'assez larges proportions rien que par le cours auquel se vendent les animaux lors de l'entrée du métayer. Nous avons noté qu'en 1900, sur une métairie de 22 hectares, l'estimation des bestiaux s'élevait à 4.373 francs. chiffres qui correspondent bien à ceux cités par M. Le Breton.

De plus les métairies de 26 hectares ne sont pas les plus grandes de la Mayenne, quelques-unes vont jusqu'à 40 et même 50 hectares. Ainsi en 1885, sur une métairie de 54 hectares se trouvait pour 2.450 fr. de chevaux, 8.330 francs de bœufs et de veaux, 2.770 francs de vaches, 925 francs de brebis, de porcs, d'oies, soit au total 14.475 francs. Le métayer avait donc dépensé, en entrant en jouissance, 7.237 fr. 50 rien que pour sa part de bestiaux.

Le choix des animaux à vendre, acheter ou échanger appartient au propriétaire, le métayer ne peut le faire sans son consentement. Le propriétaire a encore le droit de choisir les étalons dans un rayon de deux myriamètres, de désigner les races qu'il désire élever, d'indiquer le nombre d'élèves qu'il veut conserver (art. 77-78 *U. R.*).

Tous les fruits naturels et artificiels, les produits de toute espèce, y compris les volailles de toutes natures, sont partagés par moitié entre le propriétaire et le colon (art. 74 *U. R.*). Cependant les abeilles, en principe, appartiennent au colon seul ; le beurre ne se partage que quand le lait des vaches n'est pas donné aux veaux pendant quatre mois ; les œufs des poules restent au colon, sauf ceux nécessaires pour les couvées (art. 74. *U. R.*). Le métayer peut prendre dans le jardin, principalement consacré aux légumes, ceux qui sont nécessaires à son ménage (art. 74 *U. R.*) ; il peut, en outre, prendre six hectolitres de pommes de terre ou autres racines pour le même usage (art. 86 *U. R.*).

Le colon ne peut abattre aucun arbre par pied, ni par branche, même sous le prétexte d'un élagage utile, ni s'emparer du bois mort ou brisé par accident, qui appartient au propriétaire. Les bois à émonder et soumis à des coupes réglées sur les haies sont abattus par sixième chaque année ; ils sont coupés ras et régulièrement, sans interruption dans chaque haie ; le produit de cette coupe revient au métayer ; elle doit être achevée avant le 1er avril (art. 32 et 34 *U. R.*). C'est là pour le colon une source de revenus assez importante. M. Le Breton estime que ce travail lui procure, outre le combustible qui lui est nécessaire, un certain bénéfice représentant, à peu près, les frais d'entretien de ses outils et de ses instruments aratoires.

Le propriétaire, par contre, peut faire abattre tels arbres que bon lui semble, les arbres fruitiers et les noyers exceptés, sans autre indemnité pour le fermier que celle de la réparation des haies et du dommage causé par la chute des arbres (art. 35 *U. R.*).

Le preneur est tenu d'user de la chose louée en bon père de famille. Il répond de l'incendie, des dégradations et des pertes arrivées pendant la durée du bail, à moins qu'il ne prouve qu'il a veillé à la garde et à la conservation de la chose en bon père de famille. Il doit se servir des bâtiments d'exploitation qui existent dans les héritages qui lui sont confiés et résider dans ceux qui sont affectés à l'habitation (art. 4 L. 1889). Il exécute à ses frais et convenablement tous les travaux de culture et d'exploitation (art. 75 *U. R.*). Il est obligé de travailler par lui-même et avec sa famille, car le propriétaire n'a passé contrat avec lui qu'en raison de son habileté professionnelle et de ses connaissances agricoles. Il entretient toute l'année, sur la terre, un nombre d'hommes et de femmes suffisant pour la bien cultiver (art. 5 *U. R.*). Les bestiaux ne peuvent être employés à aucun travail étranger sans le consentement du propriétaire (art. 76 *U. R.*). Le colon emploie à la nourriture du bétail ou à l'amélioration du sol, sans en rien distraire, même à sa sortie, les foins, pailles, chaumes, fourrages, racines fourragères et engrais de toute sorte (art. 10 *U. R.*).

Le bailleur fait aux bâtiments toutes les réparations qui sont devenues nécessaires, toutefois les réparations locatives ou de menu entretien, qui ne sont occasionnées ni par la vétusté, ni par la force majeure, demeurent à la charge du colon (art. 3 L. 1889). Celui-ci entretient donc en bon état : les âtres, contre-cœurs, chambranles, tablettes de cheminées, le récrépiment du bas des murailles des appartements et autres lieux d'habitation, à la hauteur d'un mètre, les pavés et carreaux des chambres et greniers lorsqu'il y en a seulement quelques uns de cassés, les vitres à moins qu'elles ne soient brisées par la grêle ou par un autre accident de force majeure, les portes, croisées, planches des cloisons, gonds, targettes, serrures. Il répare l'aire des maisons et greniers en terre et le carrelage du four, les couvertures en paille autres que celles des maisons et étables, les échelles, barrières, échaliers, mangeoires ou crèches. Il entretient les haies, fossés et rigoles ; il empierre les cours et chemins d'exploitation fermés ou particuliers qui ont préalablement été encaissés et macadamisés par le propriétaire. Pour tous ces travaux, celui-ci fournit les bois et pierres que le métayer n'a plus qu'à employer (art. 3 *U. R.*).

Nous avons dit que le bailleur était chargé des grosses réparations, cependant le colon est tenu d'aider son propriétaire à ces travaux dont il profitera. Ainsi il fait gratuitement, avec ses voitures et attelages, l'approche à pied d'œuvre de tous les matériaux nécessaires aux constructions, réfections et réparations des bâtiments. Il va chercher la chaux aux fourneaux, la brique et l'ardoise aux dépôts les plus rapprochés, le sable et la pierre dans un rayon maximum de un kilomètre et le bois à un myriamètre au plus (art. 8 *U. R.*). Enfin il « trempe la soupe » aux ouvriers de tous états employés aux réparations d'entretien, sans autre indemnité que les copeaux de bois travaillés sur la ferme pour ces réparations ; il « trempe la soupe » aussi dans le cas de constructions nouvelles, mais dans ce cas il lui est dû indemnité (art. 7 *U. R.*).

Les *Usages Ruraux* contiennent tout un ensemble de règles applicables à la culture. Une section est ainsi réservée aux labours, une autre aux ensemencements et récoltes, une autre encore aux prairies. Ils fixent avec soin la date à laquelle chaque travail doit être fait, les labours, par exemple, ont lieu aussitôt après la Toussaint pour les grains de printemps, les racines fourragères et autres plantes sarclées; avant le 30 avril pour les vieilles pâtures.... La coupe des prairies naturelles et artificielles se fait aussitôt que les plantes sont en pleine floraison.... (art. 14 et 23 *U. R.*). Ils délimitent l'étendue de terre qui sera consacrée à chaque culture : Le tiers seulement des terres arables est semé en céréales d'hiver.... Le douzième au moins et le sixième au plus des terres labourables est consacré aux semailles d'automne et de printemps, de plantes fourragères dites coupages.... (art. 16 et 17 *U. R.*). Ils indiquent quelles semences il faut éviter de faire alterner sur un champ : Jamais il n'est permis de semer des céréales d'hiver sur les chaumes de céréales d'hiver ou de printemps... (art. 16 *U. R.*). Ils rappellent encore comment on doit préparer la chaux et comment il faut l'éteindre (art. 20 *U. R.*).

Sur chaque métairie, doit être entretenue une pépinière (1) dont les sujets sont fournis par le propriétaire. Le terrain de la pépinière doit être fouillé à 50 centimètres de profondeur, les arbrisseaux espacés de 60 centimètres en tous sens, cultivés, sarclés, nettoyés du blanc (puceron lanigère) et le sol couvert de

1. Beaucoup de propriétaires renoncent aujourd'hui à faire des pépinières qui étaient en général mal entretenues par le métayer, et préfèrent acheter des sauvageons ou des pommiers greffés dont le prix d'acquisition a sensiblement baissé depuis quelques années.

feuilles ou d'autre couverture équivalente, chaque année au printemps (art. 28 *U. R.*). Le métayer plante tous les ans, aux endroits indiqués par le propriétaire, un arbrisseau par trois hectares de terre labourable et les greffe des espèces de fruits indiqués par le propriétaire. Ces arbrisseaux sont constamment garnis d'épines (art. 28 et 29 *U. R.*).

Les cidres sont faits au fur et à mesure de la maturité des fruits. Le petit cidre n'est permis au colon qu'avec l'agrément du bailleur qui en a la moitié (art. 80 *U. R.*). Le métayer va chercher, à une distance de trois myriamètres au plus, les tonneaux destinés à recevoir les cidres du propriétaire; il les nettoie et y met les cercles dont ils ont besoin, lorsqu'il existe des jets de châtaignier et de saule à ce destinés. S'il n'y en a pas, le propriétaire fournit les cercles pour ses tonneaux (art. 81 *U. R.*).

Tous les amendements et engrais étrangers sont payés par moitié. Ils sont voiturés avec les attelages du lieu, aux frais du colon partiaire, qui va les chercher aux endroits où la vente s'en fait ordinairement (art. 85 *U. R.*).

Outre ces charrois que nous avons déjà notés au cours de ce chapitre et qui consistent dans l'obligation pour le laboureur d'apporter au domicile du propriétaire sa part dans tous les produits, d'aider aux travaux de réparation et de construction en transportant les matériaux, le bailleur peut encore exiger, chaque année, trois charrois dans un rayon de deux myriamètres ou deux charrois dans un rayon de trois myriamètres, sans que ceux-ci puissent être reportés d'une année sur l'autre, en cas de retard dans leur exécution (art. 9 *U. R.*).

Le colon paie la moitié de la contribution foncière et la totalité des autres contributions (art. 83 *U. R.*).

Il conduit à ses frais, aux foires et marchés désignés par le propriétaire, les bestiaux à vendre et il remet immédiatement à celui-ci et à son domicile la moitié du produit de la vente (art. 82 *U. R.*). Les grains et graines de toutes espèces, après le battage et le vannage, sont partagés aussitôt, ce sont « les mesurées », et la part du propriétaire est transportée là où il le désire, dans un rayon maximum de trois myriamètres (art. 81 *U. R.*).

Nous ne trouvons pas dans l'arrondissement de Laval de « règlement annuel du compte d'exploitation (1) » dont parle la loi de 1889. Les recettes et les

1. Dans la plupart des provinces où existe le métayage, les comptes sont tenus par le propriétaire sur un grand livre. Ils ne sont pas réglés au jour le jour, mais au bout d'un temps plus ou moins long, souvent d'une année. « Dans le Charolais, par exemple, le propriétaire ne touche pas le produit de la vente des bestiaux; ce produit, après la foire, est versé intégralement entre les mains du bailleur. Le compte du premier est crédité d'autant et ce n'est qu'à la fin de l'année qu'interviendra le règlement définitif ». (Lucien Rérolle, *loc. cit.*, p. 585). D'autre part M. Merlin nous indique comment les choses se passent, en pratique, dans l'Allier : « M. Cornu m'a montré son livre de comptabilité très simplement tenu et dont chaque intéressé a le double : une première colonne renferme les avances consenties par le propriétaire au métayer, une seconde les recettes du domaine, une

dépenses qu'entraîne la gestion d'une métairie, sont réglées, au fur et à mesure qu'elles se présentent, par le propriétaire et son métayer. Ce système présente l'avantage de mettre plus souvent en rapport ces deux personnes et de faciliter par là la surveillance du bailleur. De plus chacune d'elles peut, aussitôt après une vente, disposer de l'argent qu'elle a acquis par celle-ci, sans être obligée d'attendre plus ou moins de temps. Enfin les comptes sont par là très simplifiés et nombre de contestations sont ainsi évitées. Le seul inconvénient, que nous voyons à cette façon de procéder, est qu'il ne favorise pas l'économie. Quand l'argent entre dans la fortune de quelqu'un par petites sommes souvent répétées, il est, en général, plus facilement et plus rapidement gaspillé que celui qui se présente sous l'apparence d'un capital plus important et plus rare ; il faut une certaine force de volonté pour amasser des revenus qui arrivent ainsi au jour le jour. C'est que si les comptes sont, comme nous venons de le dire, très simplifiés, il ne faut pas que l'apathie du bailleur et du preneur les pousse à n'en pas faire du tout. De ce que la tenue d'un livre de métairie ne s'impose pas pour régler les rapports d'argent entre propriétaire et métayer, il n'en est pas

troisième les dépenses. En fin d'année, on fait la balance entre les deux dernières colonnes et le bénéfice est partagé par moitié. La part du métayer lui est réglée déduction faite des avances. » (*Le métayage et la participation aux bénéfices*. Paris, Arthur Rousseau, 1898, p. 41).

moins évident que chacun d'eux, s'il est soucieux du bon ordre de sa fortune, doit noter avec soin les revenus et dépenses qui se produisent. L'intérêt personnel devrait, dans ce cas, être un moteur suffisant pour agir ainsi.

Le contrat de métayage, comme toutes les conventions, peut prendre fin par l'accord des parties. Nous n'insisterons pas sur cette première cause de dissolution du contrat de métayage. Parmi les autres causes, les unes se produisent de plein droit ; ce sont : la mort du preneur, la perte totale de la chose, l'arrivée du terme convenu, — les autres exigent l'assentiment d'une des parties ou l'autorisation de justice, ce sont : le congé, l'inexécution des conditions, la résiliation en cas de vente et la perte partielle.

Le bail à colonat n'est pas résilié par la mort du bailleur de la métairie, mais il est résolu de plein droit par la mort du preneur. La jouissance de ses héritiers cesse à l'époque consacrée par l'usage des lieux pour l'expiration des baux annuels (art. 6 L. 1889). Quand l'exploitation est continuée par les héritiers, ceux-ci sont tenus de garnir la métairie de meubles, instruments aratoires et bestiaux et d'y avoir un chef de ménage et des domestiques suivant l'importance de la terre (art. 13 *U. R.*).

Le bail à colonat est résilié de plein droit si, pendant la durée du bail, les objets qui y sont compris sont détruits en totalité par cas fortuit. Les deux obligations corrélatives du bailleur et du preneur, se trouvant par le fait de la perte totale, manquer d'objet, le contrat, ayant perdu un de ses éléments d'existence tombe par là-même (art. 8 L. 1889).

Le bail à colonat est résilié de plein droit par l'arrivée du terme convenu entre les parties, mais il peut y avoir tacite reconduction. Ce dernier cas de résiliation du contrat est assez rare, dans l'arrondissement de Laval, puisque, comme nous l'avons vu, la plupart des baux sont verbaux. Il faut alors donner congé.

Pour les baux verbaux et pour la tacite reconduction, il suffit, à celle des parties qui veut faire cesser les effets du contrat, de prévenir l'autre six mois d'avance, ainsi avant le 1er mai pour les baux finissant le 1er novembre (art. 1 *U. R.*).

Quand une des parties se refuse à remplir ses engagements, l'autre partie, comme dans tout contrat synallagmatique, peut s'adresser en justice pour obtenir des dommages et intérêts ou obtenir la résolution du bail.

En cas de vente par le propriétaire, et en principe, le bail est opposable à l'acquéreur s'il est constaté par acte authentique ou par acte ayant acquis date certaine antérieurement à l'aliénation (art. 7 L. 1889), mais que décider pour les baux verbaux ? La loi est muette sur ce point, mais il semble que, sans admettre les théories rigoureuses de certains auteurs, les tribunaux ont un pouvoir d'appréciation, variable dans chaque affaire, pour diminuer le préjudice que pourrait causer au colon une brusque expulsion (1).

Si, pendant la durée du contrat, l'objet du bail subit une perte partielle, ce qui est beaucoup plus fréquent que la perte totale, le bailleur peut se refuser à faire les réparations et dépenses nécessaires pour remplacer ou rétablir les objets détruits. Le preneur et le bailleur peuvent, dans ce cas, suivant les circonstances, demander la résiliation. Si celle-ci est prononcée à la requête du bailleur, il peut y avoir lieu à indemnité pour l'autre partie (art. 8 L. 1898).

Le bail vient de prendre fin, quels sont les rapports qui vont s'établir entre le colon sortant et le colon entrant ? Question importante puisque la date du 1er novembre permet de soulever un certain nombre de problèmes du plus haut intérêt ; aussi nos *Usages Ruraux* y consacrent-ils une longue section qui n'est que l'application de l'art. 1777 C. civ. ainsi conçu : « Le fermier sortant doit laisser, à celui qui lui succède dans la culture, les logements convenables et autres facilités pour les travaux de l'année suivante ; et réciproquement, le fermier entrant doit procurer à celui qui sort les logements convenables et autres facilités pour la consommation des fourrages, et pour les récoltes restant à faire.

Dans l'un et l'autre cas, on doit se conformer à l'usage des lieux. »

Le métayer sortant doit, pendant l'année qui précède

1. Bouissou et Turlin, *loc. cit.*, p. 342.

sa sortie, se comporter en tout sur le lieu comme s'il devait continuer l'exploitation (art. 59 *U. R.*). Il ensemence la même quantité de terre que les autres années ; il ne doit pas choisir ces terres parmi les plus productives, mais les prendre selon la rotation suivie les années précédentes. Il a droit à la moitié de la récolte qui en provient, mais en faisant tous les travaux qu'elle nécessite (art. 42 *U. R.*). Les semences de blé, pour les derniers ensemencés, les engrais et amendements étrangers sont payés par les parties proportionnellement à leurs droits à la récolte (art. 47 *U. R.*). Le métayer sortant sème, comme il en a l'habitude, les grains de printemps, en mettant la quantité d'engrais nécessaire (art. 45 *U. R.*). Il ne peut consommer pour faire les travaux de son dernier ensemencé, qu'un nombre limité de kilogrammes de foin, il a droit aux secondes coupes ou regains de toutes les prairies naturelles et artificielles, aux plantes fourragères dites coupages qui, dans l'année de sortie, ne doivent pas porter graines, sauf dans le sol des grains d'hiver (art. 38 *U. R.*). Il fauche, fane, transporte, engrange et met en barge les foins naturels et artificiels, et, en compensation, les gerbes de sa dernière récolte, après sa sortie, sont voiturées par son successeur (art. 41 *U. R.*). Il met en grange ou en meule les pailles de toute nature, sous sa responsabilité, à moins que le métayer entrant ne juge convenable de faire ce travail lui-même (art. 51 *U. R.*). Il laisse à celui-ci deux cents choux cavaliers par hectare semé en blé d'hiver (art. 55 *U. R.*), le marc du cidre de pomme (art. 54 *U. R.*), et, s'il est prévenu avant le 1er août, les trois quarts de la récolte de pommes de terre, choux, betteraves et autres racines fourragères, qu'il ne cède à son successeur que contre remboursement du prix à dire d'experts (art. 57 *U. R.*).

Les impôts de la dernière année sont payés pour la moitié par le métayer sortant ; de même à raison de la moitié à laquelle il a droit dans le produit de la dernière récolte, il doit acquitter la moitié des deux tiers, c'est-à-dire un tiers de l'impôt foncier de la totalité de la métairie, du 1er janvier au 31 décembre de l'année qui suit l'époque de la sortie (art. 43 *U. R.*). L'impôt des portes et fenêtres, l'impôt mobilier et les prestations pour les chemins sont réglés en entier, pour l'année de sortie, par le colon sortant et, pour l'année suivante, par le colon entrant (art. 44 *U. R.*). A moins de stipulation contraire, les bestiaux (autres que les mâles destinés à la reproduction et les animaux d'une valeur exceptionnelle) restent sur le lieu, au compte du propriétaire ou du métayer successeur, qui rembourse au métayer sortant la totalité ou la part à laquelle celui-ci a droit, sur estimation faite au cours du moment. Sans entrer dans les discussions auxquelles a donné lieu, dans notre arrondissement, l'art. 58 des *Usages Ruraux*, qui contient cette disposition, qu'il nous suffise de remarquer qu'il évite au métayer sortant et au métayer entrant les dépenses et les ennuis de courir foires et marchés pour vendre en temps utile les animaux de l'exploitation ou pour en acheter, qu'il permet au métayer sortant d'économiser les frais assez considérables qu'entraînent les ventes publiques.

Le métayer entrant, dans la dernière année du bail, peut surveiller l'irrigation des prairies, remuer les terreaux, faire des composts et donner aux engrais les préparations nécessaires pour qu'ils puissent être répandus sur les prés à son entrée (art. 40 *U. R.*). Il peut faire sarcler, aux frais du colon sortant, si celui-ci ne s'en est pas chargé, les patiences ou parelles, ivraies, chiendents, fougères, chardons et toutes plantes à graines ailées (art. 21 *U. R.*). Il peut semer dans les grains de printemps des graines de prairies artificielles (art. 45 *U. R.*), dans les terres ensemencées en froment des plantes fourragères, dans les chaumes de froment des coupages, le tout en quantité limitativement déterminée. Moyennant une certaine indemnité, il peut se servir, pour ces travaux, des chevaux et instruments du fermier sortant (art. 46 *U. R.*). Il peut enfin surveiller la mise des pailles en grange ou en meule.

Les principales règles que nous venons d'étudier et qui forment la base de notre contrat de métayage, sont celles qui, nous l'avons dit, sont contenues dans le *Recueil des Usages Ruraux de l'arrondissement de Laval*. Mais ces règles, dans la pratique, et même en dehors de toute convention écrite, subissent certaines modifications, peu importantes, il est vrai. La bonne entente qui règne entre propriétaire et métayer amène tout naturellement ce résultat.

Il est rare, par exemple, que le colon donne intégralement la moitié des poules qui garnissent sa basse-cour. Le bailleur donne bien souvent le bois que réclame la réparation de quelque instrument. Le petit cidre, dont, d'après les *Usages*, le bailleur devrait avoir la moitié, est généralement abandonné au métayer. Celui-ci, de son côté, offre gracieusement à son propriétaire, au temps de Pâques, quelques douzaines d'œufs, redevance à laquelle il n'est nullement tenu. Enfin quelques propriétaires, pour encourager leurs métayers à entrer dans la voie du progrès, consentent à contribuer, pour plus de la moitié, au prix d'acquisition des engrais chimiques.

SECTION II

Considérations économiques.

« M. de Gasparin a tracé avec assez de précision la ligne de démarcation qui sépare les pays de métayage des pays de fermage... En jugeant la ligne dans son parcours général, on voit qu'après avoir coupé en deux la Savoie et la Bresse, après s'être dirigée à travers le Beaujolais, l'Autunais, le Morvan, le Nivernais, elle longe la Loire dans son cours moyen, au centre du Blésois et de la Touraine, pour s'élever ensuite en biais vers le nord-ouest, et aboutir au bord de la mer, entre les départements du Morbihan et de la Loire-Inférieure. Au Sud de la ligne, le métayage domine à peu d'exceptions près ; au Nord, le fermage est quelquefois presque exclusif (1). » Il ne faudrait pas, continue M. de Tourdonnet, « prendre cette ligne de démarcation comme une ligne douanière inflexible et infranchissable... Le Métayage ne cesse pas tout à coup pour faire place au fermage et réciproquement... Dans la zone intermédiaire, un peu fantaisiste dans ses contours, on trouve à la fois des métayers et des fermiers, qui vivent côte à côte sur des sols identiques et livrés aux mêmes cultures jusque dans les mêmes cantons. Bien plus, en avançant dans les terres et à d'assez grandes distances de la ligne tracée, on rencontre, comme des îlots isolés, des territoires entiers qui semblent protester par leur persistance et leur prospérité locale contre le système général de la contrée qui les enveloppe. C'est ce qui a lieu notamment dans le sud du Maine, ainsi que dans les vignes de Bourgogne. pour le métayage. »

La Mayenne en effet qui se classe, avec 6.209 métairies (2), au vingtième rang des départements français

1. *Situation du métayage en France*. Rapport sur l'enquête ouverte par la Société des Agriculteurs de France. Paris, Imprimerie de la Société de Typographie. 1879-1880. 1re partie, Chap. I.

2. *Statistique agricole de la France*. Résultats généraux de l'enquête décennale de 1892. Paris, 1897.

comme nombre d'exploitations soumises au métayage, est entourée de départements dans lesquels ce mode de tenure est moins développé. Ainsi le Maine-et-Loire ne compte que 4.452 métairies, l'Ille-et-Vilaine 2.341, la Sarthe 1.086, la Manche 310, et l'Orne 146. Il faut toutefois excepter la Loire-Inférieure qui, par un de ses angles touche à la Mayenne, et qui possède 10.915 métairies.

Autrefois le nombre de métairies était bien plus grand dans la Mayenne. Nous avons vu quel rôle important l'*Annuaire de l'an XII* attribuait à ce contrat et lors de l'enquête agricole de 1866 (1), le rapporteur, M. Migneret, s'exprimait ainsi : « La commission a pensé que la proportion entre les deux modes, le fermage à prix d'argent et le métayage, est d'environ moitié pour chacun des modes de location. Je crois devoir encore faire remarquer, pour ordre, que cette appréciation est supérieure aux conséquences à tirer des faits consignés dans la statistique de 1852, car à cette époque le nombre des fermiers est évalué à 15.299 et celui des métayers à 8.687. Ce serait donc d'un peu plus du tiers et non de moitié que serait la proportion admise par ce document. Le dénombrement de 1866, dont les résultats n'ont été connus que depuis les réunions de la commission, confirme les conséquences de la statistique de 1852. En effet il résulte que le nombre des exploitations par fermiers est maintenant

1. Ministère de l'agriculture, du commerce, des travaux publics. *Loc. cit.*

de 20.890, en augmentation de 4.591 et celui des exploitations par métayers de 8.274, en diminution de 413. »

Le nombre des métayers qui, en 1862 (1), était de 7 712 est tombé en 1882 à 7.521 et en 1892 à 6394, et la proportion pour 100 exploitations s'est abaissée de 32 métayers contre 68 fermiers en 1862, à 31 métayers contre 69 fermiers en 1882 et à 26 métayers contre 74 fermiers en 1892. A cette dernière date sur 34.816 exploitations, couvrant 448.700 hectares, les divers modes de culture se répartissaient ainsi dans la Mayenne :

Nombre de cultures	Superficie cultivée (2)				
	Terres labourables	Prés, etc.	Vigne	Jardins	Total
Culture directe (3)					
9.916	63.8	15,1	»	2,6	81.5
Métayages et colonages					
6 209	83.1	20,5	»	1.7	105.3
Fermages et locations verbales					
18.691	215,3	43,0	»	3,3	261,9

1. D'après les enquêtes décennales agricoles.

2. Chiffres en milliers d'hectares.

3. Biens cultivés par le propriétaire lui-même seul ou avec l'aide de sa famille ou d'autrui.

Il faut remarquer que si le nombre des cultures directes est plus grand que celui des métayages, par contre l'étendue de terres exploitée par ce dernier mode est notablement plus considérable que celle régie par la culture directe.

Ces chiffres que nous venons de citer, s'appliquant à l'ensemble du département, ne rendent pas compte du nombre de métayers que renferme l'arrondissement de Laval. Là, en effet, le nombre de terres soumises au colonage partiaire est bien plus considérable que ne semblent l'indiquer les statistiques parce que les trois arrondissements, dont se compose la Mayenne, ne sont pas tous également soumis au métayage. L'arrondissement de Mayenne, le plus vaste avec 210.704 hectares, ne possède que très peu de métairies; par contre dans l'arrondissement de Château-Gontier, c'est ce mode de tenure qui domine et c'est là qu'il est le plus développé, mais l'arrondissement de Château-Gontier ne couvre que 127.561 hectares. Quant à l'arrondissement de Laval, qui s'étend sur 182.958 hectares, il faut le diviser en deux parties par une ligne allant de l'ouest à l'est et le coupant en son milieu, car bien que cette ligne de démarcation ne soit pas fort nette, dans le nord de cet arrondissement les fermiers y sont plus nombreux qu'au sud. Nous pouvons donc dire que, dans une grande partie de l'arrondissement de Laval, les métayers se trouvent en nombre relativement assez considérable.

Quoi qu'il en soit, le métayage dans la Mayenne est

en décroissance certaine. Quelles peuvent être les raisons de cet état de chose, alors que, dans certains autres départements, le nombre des métayers augmente dans des proportions assez importantes ; ainsi nous constatons que de 1862 à 1892, le nombre des colons partiaires passe dans la Haute-Garonne de 6.798 à 10.780, dans le Gers de 5.374 à 6.861, dans le Tarn de 9.585 à 12.310, dans le Cher de 3.452 à 4.599, dans l'Allier de 16.783 à 17.073, dans la Haute-Vienne de 10.218 à 12.868, dans la Charente de 10.068 à 11.558, dans la Vienne de 6.069 à 7.620, dans la Loire-Inférieure de 9.519 à 10.263. Les idées admises généralement jusqu'au milieu du XIXe siècle par les théoriciens et les économistes les plus distingués que le métayage « est un système de culture essentiellement transitoire, que son infériorité absolue... relativement au bail à ferme est une vérité qui n'a plus besoin de démonstration (1) » ont fait place depuis longtemps déjà à une appréciation plus équitable de notre mode de tenure, cependant la diminution du nombre des métayers dans notre pays continue sa marche progressive. Nous croyons en trouver la raison dans la prospérité de l'agriculture, dans la dépopulation des campagnes, dans l'absentéisme et le manque de connaissances agricoles des propriétaires.

Parlant du développement de l'agriculture dans la

1. Dareste de la Chavanne. *Histoire des classes agricoles en France*. Paris, Guillaumin, 1858.

Mayenne, M. Moreul (1) disait en 1865 : « Nous ne sommes nés qu'en 1832. » Vers cette époque, en effet, un certain nombre de propriétaires (2), dégoûtés des fonctions publiques, se retirèrent sur leurs terres et s'adonnèrent au métayage. Leur exemple fut suivi et la culture devint bientôt florissante.

Cet heureux résultat était préparé par l'apparition de la chaux dans la Mayenne où elle a rendu les plus grands services. On put faire un abus de cet amendement, cela est incontestable, mais le mouvement d'impulsion à l'agriculture était donné, et c'était le point essentiel. Quand, en effet, on constata que le sol s'épuisait, on ne devait pas tarder à comprendre qu'il fallait rendre à la terre les éléments que les brillantes récoltes lui avaient enlevés ; l'usage des engrais chimiques devint d'un usage général. Voilà comment, sortant de l'ornière où nous l'avons trouvée aux XVIe, XVIIe et XVIIIe siècles, l'agriculture dans la Mayenne est parvenue à conquérir un rang honorable. Nous trouvons en effet, dans une statistique de 1902 (3), que la Mayenne occupait, au 31 décembre 1901, parmi les départements français :

1. *Enquête sur les engrais industriels, loc. cit.*

2. De Bodard de la Jacopière. *Chroniques craonnaises, loc. cit.*, p. 33. — Le Breton. *Etude sur le métayage dans la Mayenne, loc cit.*

3. Ministère de l'agriculture. *Annales*, 1902. Paris. Imprimerie nationale, 1902.

Pour les bœufs à l'engrais (1) : le 2e rang avec 32.831 animaux.

Pour l'espèce chevaline : le 7e rang avec 77.164 animaux.

Pour l'ensemble de l'espèce bovine : le 14e rang avec 282.743 animaux.

Pour les taureaux : le 20e rang avec 5.292 animaux.

Pour l'espèce porcine : le 36e rang avec 83.515 animaux.

Si maintenant, nous plaçant au point de vue des principales céréales et de leur rendement en hectolitres, nous prenons la production moyenne décennale de 1892-1901, nous remarquons que la Mayenne se trouve :

Pour l'orge : au 1er rang avec 943.200 hectolitres.

Pour le méteil (2) : au 2e rang avec 241.060 hectolitres.

Pour le froment : au 23e rang avec 1.859.582 hectolitres.

Pour l'avoine : au 38e rang avec 720.457 hectolitres.

Sans trop de difficultés, le paysan bas-manceau traversa la crise qui vers 1880 fit tant de ravages dans

1. Pour les bœufs à l'engrais le Finistère occupait la première place avec 43.318 animaux. Il faut noter que dans la Mayenne, on n'élève guère que des bœufs pour l'engrais; les bœufs de travail ne comptaient en 1901, que 2.549 représentants, ce qui, à ce point de vue, classait la Mayenne au 64e rang des départements français.

2. Le premier rang était occupé par la Sarthe avec 325.933 hectolitres.

d'autres contrées. Prenant la moyenne de dix années, nous avons trouvé que, sur une métairie, le revenu de 1879 à 1889 s'était élevé à 1.332 francs, de 1889 à 1899 à 1.265 francs, de 1899 à 1909 à 2.044 francs (1), et sur une autre métairie il avait été de 1858 à 1868 de 2.551 francs, de 1868 à 1878 de 3.619 francs, de 1878 à 1888 de 4.088 francs, de 1888 à 1898 de 2.990 francs, de 1898 à 1908 de 3.394 francs (2).

Dans de telles conditions, le paysan devait être aussi partisan du fermage que du métayage et tandis que, dans d'autres régions, les environs de 1880 étaient le point de départ d'un nouvel essor du colonage partiaire, dans la Mayenne cette date devait être sans effet sur la marche rétrograde de ce mode de tenure.

Remarquant que les terres rapportaient bien, que les revenus tendaient plus à augmenter qu'à diminuer, le laboureur devait naturellement être amené à préférer une redevance fixe au partage à moitié fruits. Ce n'est là qu'une constatation générale, mais qui n'en a pas moins son importance. Le colon, voyant les résultats atteints sur l'exploitation à laquelle il consacre son travail, croit avoir seul contribué à obtenir les revenus qui font sa richesse en même temps que celle du propriétaire. Il ne réfléchit pas davantage et il ne pense pas que, dans le métayage, l'apport qu'il fait de

1. Ce dernier résultat, si supérieur à ceux qui le précèdent, doit être en partie attribué au remplacement du colon par un autre meilleur cultivateur.

2. Ces chiffres ne s'entendent que pour la part du propriétaire.

son travail, de ses instruments et de sa part des bestiaux, que l'apport des bâtiments, de la terre et de la moitié des animaux que fournit le bailleur, ne sont pas les seuls éléments à entrer en ligne de compte. Il oublie trop facilement un des facteurs les plus importants, le travail de direction du maître et la science que celui-ci doit consacrer à l'exploitation. Ce que l'association du propriétaire et du métayer a pu obtenir, le colon livré à lui-même et devenu fermier sera-t-il encore capable de le produire, cela est fort douteux, surtout étant donné un pays où le caractère des habitants est naturellement indolent. Il est de plus bien différent de payer tous les ans une redevance fixe en argent ou de s'acquitter de sa dette en abandonnant en nature la moitié des revenus de la terre. Il n'est donc pas sans raison de se demander si le sort du métayer n'est pas plus enviable que celui du fermier, et s'il est bien toujours raisonnable au paysan de préférer ce dernier contrat au colonage.

Le fermier, tout comme le métayer, doit supporter le coût de la main-d'œuvre ; c'est là une charge onéreuse qui absorbe une grande partie des revenus, cependant le colon est plus atteint encore que celui qui s'acquitte par une redevance fixe. Celui-ci paie sans doute tous les journaliers qu'il emploie, mais il gardera tout le bénéfice qu'il en tirera et ne sera obligé de ne donner au bailleur qu'une somme toujours égale quel que soit le profit qu'il ait réalisé. Le métayer paie également tous les journaliers, mais il partage

Population de la Mayenne

	Superficie en hectares	Population				Densité par kilom. carré			
		1801	1851	1901	1906	1801	1851	1901	1906
Arrondissement de Laval. . .	182.958	96.359	130.523	111.911	109.592	52,6	71,3	61,2	59,9
Arrond. de Château-Gontier. .	127.561	60.935	78.862	70.029	68.650	47,8	61,8	54,9	53,8
Arrondissement de Mayenne .	210.704	149.360	165.181	131.163	127.215	70,9	78,3	62,2	60,4
Total du département	521.223	305.654	374.566	313.103	305.457	58,6	71,8	60,1	58,6

Population de Laval

	Population municipale			Population comptée à part	Population totale
	agglomérée	éparse	totale		
En 1851	»	»	»	»	19.218
» 1896	»	»	»	»	29.853
» 1901	25.326	1.784	27.110	3.246	30.356
» 1906	24.874	1.736	26.610	3.144	29.751

Rapport de la population urbaine à la population rurale

	Population			Rapport de la population (pour 100 hab.)	
	urbaine	rurale	totale	urbaine	rurale
En 1896	64.569	256.618	321.187	20.11	79,89
» 1901	64.417	248.686	313.103	20,58	79,42
» 1906	63.324	242.133	305 457	20,73	79,27

Nombre de naissances, de décès, d'émigrations, d'immigrations

	Naissances	Décès	Excédent		Excédent		Proport. pour 1.000 h	
			des naissances	des décès	de l'émigration	de l'immigration	de l'émigration	de l'immigration
			Population urbaine					
De 1896 à 1901 . . .	6.139	9.346	»	3.207	»	3 055	»	47,3
» 1901 à 1906 . . .	5 907	8.618	»	2.711	»	1.618	»	25,5
			Population rurale					
De 1896 à 1901 . . .	28.075	25.774	2.301	»	10 233	»	39,9	»
» 1901 à 1906 . . .	26.914	23.319	3.595	»	10.448	»	41,9	»
			Population totale					
De 1896 à 1901 . . .	34.214	35.120	»	906	7.178	»	22,3	»
» 1901 à 1906 . . .	32.821	31.937	884	»	8.530	»	27,9	»

Ces chiffres sont empruntés aux résultats statistiques des recensements des 24 mars 1901 et 4 mars 1906.

avec le propriétaire ce qui résulte de leurs travaux. Il n'y a aucun doute, s'il est à la tête d'une grosse exploitation, qu'il ne ressente plus fortement les conséquences de la hausse des salaires ; il doit donc désirer que ses enfants soient en assez grand nombre pour pouvoir l'aider dans les travaux agricoles et lui éviter toute remise d'argent à des mercenaires.

Le journalier se paie, de nos jours, beaucoup plus cher qu'il y a quelques années, encore n'en trouve-t-on pas toujours. Nous avons connu un colon qui employait un domestique homme qui s'adonnait à la boisson. Un jour celui-ci abandonna la métairie pour ne rentrer que plusieurs jours après dans le plus piteux état. Le métayer ne voulut pas le renvoyer ne sachant par qui remplacer ce mauvais domestique qui ne tardait pas à quitter volontairement l'exploitation, laissant son maître dans l'embarras.

Ce prix élevé et cette rareté de la main-d'œuvre résultent de l'état de dépopulation dont souffre notre arrondissement depuis 1860. Jusqu'à cette date, en effet, le mouvement de population suivait une courbe ascendante, mais depuis lors il n'a cessé de s'abaisser d'une façon croissante. Les résultats statistiques que nous donnons ci-contre montrent toute l'étendue du désastre qui atteint notre contrée. Mais il ne suffit pas d'étudier l'ensemble de la population de l'arrondissement dans lequel la densité par kilomètre carré est tombée de 1851 à 1906 de 71,3 à 59,9, il faut encore remarquer que la population de la principale ville de cet arrondissement, de Laval, n'a cessé d'augmenter au détriment des campagnes et que le rapport de la population rurale à la population urbaine diminue constamment. Cependant, à ce dernier point de vue, en 1901, la Mayenne se classait encore au 23e rang des départements français comme ayant une faible population urbaine par rapport à la population rurale. Cette dépopulation ne tient pas à l'excédent des décès sur les naissances, car ces deux facteurs, qui influent le plus en général sur le nombre des habitants, s'équilibrent à peu près, mais à l'émigration relativement considérable puisqu'elle atteint, pour l'ensemble du département, la moyenne de 27,9 pour 1.000 habitants.

Autrefois nombre de paysans vivaient dans l'aisance en tissant le lin, aujourd'hui que les machines ont transformé cette industrie, ce travail à la main ne produit plus qu'un gain trop restreint pour permettre de s'y adonner (1) ; ceux qui s'y livraient ont dû aller chercher fortune ailleurs. On a depuis longtemps mis en garde les nouvelles générations contre l'attraction des villes, contre la vie facile qu'on y trouvait, contre

1. Les familles possédant environ 2 ou 3 hectares de terre vivaient au moyen de deux ou trois métiers à tisser rapportant en moyenne 15 francs par semaine chacun ; mais les quelques métiers qui subsistent encore actuellement ne rapportent plus qu'un franc chacun, en supposant qu'on y travaille du matin au soir (Metayage in Western France. Higgs (Henry) — Appendix : Monograph of a Metayer farm near Laval, France. by Henry Higgs and Roger Lambelin. Extract : *The Economic Journal*. Vol. IV. London : Macmillan and C°, March 1894.

les plaisirs plus ou moins sains physiquement et moralement que l'on y rencontrait, cependant les jeunes gens n'ont cessé de se laisser entraîner vers les grands centres urbains. Après le service militaire les hommes, dont les bras ne sont pas indispensables pour la culture de la terre. entrent dans les fabriques, prennent du service dans les chemins de fer ou s'engagent comme domestiques dans les villes ou à Paris, les femmes quittent également volontiers les campagnes.

Nombreux sont les propriétaires qui déplorent aujourd'hui cet état de choses et, sans plus attendre, ils critiquent violemment ceux qui désertent les travaux agricoles. En cela ils ne seraient nullement répréhensibles si, eux-mêmes, étaient exempts de tout reproche. « Des raisons qui tenaient à l'état des esprits et à la société, dit Baudrillart, devaient aussi déterminer nombre de propriétaires, en dehors de tout intérêt agricole, à préférer le fermage. Lorsqu'ils reprochent aujourd'hui avec quelque sévérité aux paysans l'abandon de la culture, ne craignent-ils pas qu'il ne leur soit plus d'une fois répondu : « Que ceux d'entre vous qui ne se sentent pas coupables nous jettent la première pierre ! » Ceux qui s'absentent sont-ils moins infidèles à la terre que ceux qui se déclassent, et ne sont-ils pas aussi des déclassés de l'agriculture ces propriétaires qui ne voient guère dans la possession d'un domaine qu'une occasion de villégiature au temps de la chasse ou qu'un moyen d'influence pour les élections ? Ils ont cherché, non sans excès, les fonctions publiques, l'industrie, les affaires, le luxe et les plaisirs de la capitale, de même que les métayers et les ouvriers ruraux allaient aux métiers urbains, aux travaux publics et aux chemins de fer, au petit commerce et aux places de bureau, ainsi qu'aux distractions des villes. On avouera que tout cela se ressemble fort, et que, dans cette occasion comme en d'autres, il n'y a pas une si grande différence entre le haut et le bas de la société. » (1)

Dans l'arrondissement de Laval, l'absentéisme revêt une forme un peu spéciale. Un certain nombre de propriétaires résident dans le pays et ne sont éloignés de leurs métairies que de quelques kilomètres, mais l'agriculture ne les intéresse pas ; ils laissent à d'autres le soin de gérer leurs propriétés. Nous ne voulons pas parler ici de ceux que leurs affaires, industrielles ou autres, empêchent de s'occuper de leurs colons, ni de ceux qu'effraie la surveillance du nombre assez considérable de métairies qu'ils possèdent, car il se trouve encore de gros propriétaires fonciers qui ont toute leur fortune en terres ; les uns et les autres sont excusables, bien qu'à des degrés différents.

Les fermiers généraux n'existent heureusement plus ou presque plus dans l'arrondissement de Laval. Prenant un certain nombre d'exploitations par bail à ferme, ils étaient libres d'user de tels moyens que bon leur semblait pour rentrer dans leurs avances et ils ne

1. Le métayage en France et son avenir d'après une enquête récente. *Revue des Deux-Mondes*, oct. 1885, p. 570.

se faisaient pas faute de pressurer les pauvres laboureurs et d'épuiser la terre.

Aujourd'hui le soin de gérer les métairies pour ceux qui ne peuvent pas ou ne veulent pas le faire eux-mêmes est remis à des experts. Les critiques qui n'ont pas vu fonctionner cette institution se sont parfois montrés pour eux d'une sévérité exagérée. C'est ainsi que nous avons relevé dans le livre de M. A. Hermes (1), *der Teilbau in Frankreich*, le passage suivant : Ces hommes d'affaires sont chargés de tenir les comptes, de s'occuper des nouveaux bâtiments à construire, etc. ; en un mot, ils commandent à la place du propriétaire. Mais ces gens manquent généralement de connaissances agricoles en ne poursuivant qu'un but, utiliser leur pouvoir d'intermédiaire dans l'intérêt de leur propre bourse ; en vérité ils ne représentent qu'une nouvelle édition des célèbres fermiers généraux qui se trouvent encore aujourd'hui, sous leur forme originale, dans quelques contrées. L'expert reçoit 5 o/o sur toutes les recettes qui ont été faites et Leizour en a connu un qui empochait tous les ans 30.000 francs. Ainsi ils forment une véritable plaie et, d'après Leizour, leur existence est un des plus grands obstacles au progrès et à l'amélioration de la culture agricole.

Qu'il puisse se trouver parmi les experts quel-

1. Verlag von Gustav Fischer in Jena. 1907, p. 208. M. Hermes ne fait que rapporter le résultat de l'enquête à laquelle s'est livré M. Merlin (*loc. cit.*) pour la Mayenne.

ques hommes peu scrupuleux qui abusent du pouvoir que le propriétaire remet entre leurs mains, nous ne le nierons pas, mais une exception peut-elle détruire une règle. Possédant souvent eux-mêmes des métairies, les experts savent très bien diriger une exploitation et en tirer le meilleur parti, car, remplissant consciencieusement leur charge, ils agissent tel que le ferait un propriétaire instruit. Nous ne voulons d'autres preuves de leur qualité que l'estime générale dont ils jouissent dans ce pays ; les propriétaires sont contents d'eux parce qu'ils défendent bien leurs intérêts et les métayers ne se plaignent pas parce qu'ils comprennent intelligemment leur mission. Nous n'irons cependant pas jusqu'à dire que cette façon de procéder vaille le métayage direct sans intermédiaire. Jamais on ne pourra remplacer réellement le propriétaire dans ses relations fréquentes avec son métayer.

Rien ne vaut l'œil du maître pour sauvegarder ses propres intérêts et veiller aux soins que l'on prend de sa chose. Plus à même d'apprécier les besoins du laboureur, le propriétaire peut plus facilement se montrer généreux quand les circonstances le demandent. Enfin se faire remplacer par un expert, c'est perdre un des principaux avantages sociaux du métayage ; l'union du riche et du laboureur dans une œuvre commune se trouve par là presque supprimée. Ils ne se sentent plus solidaires entre eux, ils ne comprennent plus que le travail de l'un sert à faire fructifier le travail de l'autre. Nous ne saurions donc assez insister sur ce point, que, toutes les fois qu'il y a possibilité, le propriétaire doit se consacrer à la surveillance de ses métairies. Si, parfois, il trouve ce travail peu intéressant au début, il ne tardera pas à ressentir tous les avantages que présente ce mode de faire-valoir. Ce n'est pas en effet du jour au lendemain que l'on devient agriculteur ; c'est un métier et comme tel il nécessite un apprentissage.

Le métayage c'est le travail du laboureur sous la direction du propriétaire, dès lors celui-ci doit être capable de diriger l'entreprise. Dans le faire-valoir direct il peut agir à sa guise et tenter tel mode de culture que bon lui semble, il n'est responsable envers personne de sa bonne ou de sa mauvaise administration ; s'il mange sa fortune en jouant avec la terre, sa ruine n'atteindra que lui seul. Dans le colonage partiaire, il n'en est plus de même. Il s'est associé un laboureur qui est en droit de compter sur le savoir et la science de celui qui l'engage ; il se doit à honneur de tenir ses promesses et pour cela il lui faut apprendre un certain nombre de connaissances agricoles indispensables.

Il arrive que des propriétaires se plaignent que leurs métairies ne rapportent pas et prétendent que l'agriculture ne peut pas être une source de richesse. Si l'on allait au fond des choses, bien souvent on constaterait que ces doléances émanent de personnes qui ne possèdent que de vagues notions d'agriculture. Lorsqu'une terre soumise à la culture à moitié fruits ne prospère pas, cela est plus souvent la faute des propriétaires que celle des colons ; ceux-ci ressemblent aux domestiques ; leurs bonnes ou mauvaises qualités dépendent presque toujours des hommes qui les commandent ou les dirigent.

« Le grand ennemi de la culture dans la Mayenne, c'est l'ignorance », écrivait M. Moreul en 1865 (1), puis il ajoutait : « Nous ne savons pas produire l'engrais ; je suis de ceux qui fument, mais je parle de la généralité des habitants du pays. En général, nous ne savons pas lire, comment voulez-vous que nous sachions que nous avons intérêt à fumer ? Nous sommes ignorants, complètement ignorants. » Quelques années plus tard, en 1870, après avoir étudié le métayage dans la Mayenne, le jury, chargé d'attribuer la prime d'honneur (2), remarquait qu'il ne manquait à ce contrat « que l'instruction du propriétaire et du colon bien spécialisée et toutefois appropriée à la condition de chacun, que l'assistance assidue, matériellement et moralement, de propriétaires prenant au sérieux l'administration de leurs domaines, pour être cette association féconde et si désirable. » Dans ce remarquable rapport dû à M. de Kerjégu, nous trouvons un exemple de ce que peut produire, en métayage, la bonne volonté et le zèle à bien faire du

1. *Enquête sur les engrais industriels, loc. cit.*
2. Rapport sur la prime d'honneur par Louis de Kerjégu. Nantes, Vincent Forest et Emile Grimaud. 1870.

propriétaire sans la science ; tous les efforts sont peine perdue et restent stériles.

M. P., habitant Vitré, possède 9 métairies dans la commune de la Baconnière. M. P., « au moins deux fois par mois, visite ses métayers pour prendre connaissance des travaux exécutés, indiquer ceux à faire et recevoir les comptes. Depuis 1851, il s'est adjoint un régisseur général qui, en outre, dirige le faire-valoir direct des B..., dans le but de joindre l'exemple aux conseils donnés aux métayers.

La commission a visité en détail les domaines du concurrent : dans les métairies, elle a remarqué des constructions neuves, d'une importance supérieure, pour la plupart, à celles que comporte le domaine..... elle a rencontré partout des chemins créés ou améliorés, des drainages, des dressages et nivellement de prés faits et en construction ; assurément ces améliorations, dans les terrains à herbe, paieront largement, ainsi que les bons chemins de service, les avances qu'elles ont exigées, car elles ont été faites intelligemment ; mais l'administration de M. P. remonte déjà à 1846 et malgré son action de chaque semaine, malgré l'emploi d'un capital mobilier qu'il dit être de 800 francs par hectare, rien, dans les métairies visées, n'a paru à la commission, comme procédés de culture, assolement, bétail, rendement, aisance ou prospérité des colons, différent de ce qui existe dans le reste de la contrée.

L'usage continué du billon, de la fumure directe au

froment, de l'avoine après le froment, le non défoncement du sol et le labour superficiel, l'abus de la chaux, une proportion de céréales exagérée, une très insuffisante production de fourrages racines, les lois de la restitution méconnues, le sol infesté de plantes parasites, effrité et par suite l'abaissement du rendement en froment à 12 hecto. par hectare, n'ont point permis à la commission de trouver dans le mode de M. P. d'administrer son métayage, le savoir-faire qui fait de cette association le moyen par excellence d'enrichir le propriétaire, le métayer et finalement la société. »

M. de Kerjégu terminait ainsi son rapport :

« L'opinion du jury est unanime pour dire que le remède à un mal si profond, est :

1° L'avènement dans les campagnes de propriétaires agriculteurs ayant étudié l'agriculture dans ses principes et dans ses modes divers d'application, capables donc de tracer au métayer un plan de culture rationnelle, lui octroyant un capital convenable, et pour le bien employer, les conseils d'une intelligence éclairée ; enfin, commandant son intelligence et son respect, en lui montrant que s'ils sont ses chefs, ils entendent user de la supériorité du droit, du savoir et de la fortune pour l'aider à grandir, et que leur but est leur mutuelle prospérité par l'union de leurs mutuels efforts.

2° L'avènement d'une génération de métayers instruits.... car si cette génération habile à raisonner et à pratiquer le travail manque aux hommes instruits, riches et bienveillants, si remplis de bienveillance, si animés par le zèle de fortes convictions qu'ils soient, ils n'ont rien à faire dans les campagnes où leur valeur s'usera toujours fatalement devant l'inertie, arme terrible, obstacle insurmontable que l'ignorance actuelle du chef de ferme oppose à tout ce qui cherche à le relever de l'ornière traditionnelle. »

Si nous avons insisté aussi longuement sur ce rapport sur la prime d'honneur de 1870, qui montre si bien où peut mener le manque de science du propriétaire, et qui trouve mieux sa raison d'être à l'époque où il fut écrit que de nos jours, c'est que nous avons pensé qu'il indique clairement une des principales causes de la diminution du nombre des métayers dans l'arrondissement de Laval ; que, de plus, il peut encore s'appliquer à un nombre restreint, mais toujours trop grand en pareille matière, de propriétaires de métairies.

Sans aller d'un extrême à l'autre, nous ne prétendons pas que, dans la Mayenne, pour bien diriger son colon, il soit nécessaire d'avoir fait des études agronomiques complètes. L'excès de science, il est vrai, n'est jamais un défaut ; mais combien de personnes pourraient consacrer un temps suffisant pour un tel apprentissage, combien en auraient même le courage ? Par ailleurs les grandes améliorations agricoles et les brusques changements dans le mode d'exploitation sont plus faciles à entreprendre dans le faire-valoir direct que dans le métayage. Si, la première année, par suite de l'intempérie des saisons, le manque de pratique ou quelqu'autre cause, un premier essai de culture n'est pas couronné de succès, l'agronome, sans se décourager par ce premier échec, peut, sur son faire-valoir, continuer l'application de ses théories. Mais dès qu'il s'agit de colonage partiaire, la question est bien différente. Ce n'est pas du jour au lendemain qu'on convertit un paysan aux idées nouvelles, il ne faut agir que progressivement. Essayez quelque procédé nouveau, si votre métayer n'y met pas trop d'obstacles, et aboutissez à un échec, votre laboureur ne voudra plus, à aucun prix, tenter une seconde fois l'expérience.

Fort nombreux sont les propriétaires qui, de nos jours, dans notre arrondissement, comprenant toute la vérité de ce raisonnement, cherchent à améliorer peu à peu leurs terres et travaillent incessamment pour arriver à quelque progrès agricole, lentement, mais sûrement. L'intérêt qu'ils portent aux questions, qui touchent à l'agriculture, est la meilleure preuve du zèle qu'ils mettent à diriger leurs métairies. En 1908, un groupe de propriétaires du Maine, de l'Anjou et de la Sarthe songèrent à créer une association pour la protection et le développement de la race Durham-Mancelle ; ils sollicitèrent l'avis de la Société des Agriculteurs de France. La réponse qu'ils obtinrent de cette société critiquait les produits Durham, en prédisait la disparition prochaine et conseillait son-

remplacement par des animaux Charolais. On vit alors un grand nombre de propriétaires de ces divers départements, et l'arrondissement de Laval était largement représenté, s'élever avec énergie pour la défense d'une race dont l'expérience leur avait révélé les qualités. Pour protester hautement en faveur de la propagation des Durham-Manceaux dans notre pays, ils fondèrent, sous la présidence d'honneur de MM. Bordeaux-Montrieux, Le Breton, sénateur de la Mayenne et Caillaux, ministre des Finances, la Société des Eleveurs de la race Durham-Mancelle (1). Nous trouvons dans ce fait, que nous citons au hasard des exemples qui s'offrent à notre esprit, l'assurance que les propriétaires mayennais aiment à discuter les questions d'élevage et de culture et qu'ils cherchent à s'initier aux délicats problèmes qu'elles soulèvent, excellents symptômes de la vitalité du métayage dans notre arrondissement.

La tradition, les améliorations dues au colonage partiaire et les revenus supérieurs qu'il procure, la culture peu intensive que l'on y pratique, l'étendue moyenne des métairies, le caractère des habitants, les bonnes relations enfin qui existent entre propriétaires et métayers, confirmant cette première remarque, vont nous montrer que le métayage trouve dans notre pays, toutes les conditions nécessaires à son développement.

Nous n'insisterons pas sur la question de tradition ;

1. *Bulletin mensuel de la Société des Eleveurs de la race Durham-Mancelle*. Août 1908. Château-Gontier. Imprimerie Leclerc.

l'étude historique que nous avons faite du contrat de métayage nous a permis de compter les longs siècles qui ont consacré son existence. Qu'il nous suffise de remarquer que les questions de coutumes jouent un grand rôle dans la vie des Bas-Manceaux et que les choses, qui ont reçu la consécration de l'usage, sont assurées d'une longue existence. Nous reconnaissons que cette mentalité des habitants de cette région pourrait aboutir aux plus déplorables conséquences économiques si un contrat, existant ainsi depuis des siècles, n'était susceptible d'engendrer aucun progrès. Tel n'est pas heureusement le cas du métayage dans notre arrondissement.

« Le métayage a été le point de départ de toutes nos améliorations. Au début de notre développement agricole,... il a été le plus puissant instrument de progrès, car le métayage c'est l'alliance du capital et de la main-d'œuvre (1). »

Ce n'est pas seulement de nos jours que l'on pourrait constater les heureux résultats du colonage partiaire. Ainsi celui-ci n'est-il peut-être pas étranger à l'introduction du cidre dans la Mayenne au XVe siècle. Nous lisons, en effet, à propos de l'aumônerie Saint-Julien, dans une brochure de l'abbé Angot, intitulée *Le cidre. Son introduction dans le pays de Laval* (2) : « Mais comme la façon du cidre demande un autre

1. Moreul. *Enquête sur les engrais industriels. Loc. cit.*
2. Mamers. Fleury et Dangin, 1889.

matériel que celui d'un pressoir à vin, comme on n'écrase pas les pommes de la même manière qu'on foule les grappes, on commença par acheter pour 10 sols un pied de chêne, que le métayer du Cochet amena aux Carrés pour 15 deniers, puis le 9 septembre 1466, Guillaume Brillet et Jean Hercent, moyennant un salaire de 6 sols, font de ce tronc d'arbre la première auge « pour piler les pommes des citres que l'on fait au dit lieu » des Carrés. Le même aménagement avait été préparé aux Bérardières. »

Que le métayage donne naissance à une foule d'améliorations agricoles et serve de point de départ, en général, aux progrès que l'on constate dans un pays, rien de plus naturel. Les raisons en sont simples à trouver. Dans le fermage, le propriétaire n'a aucun intérêt à transformer ou à modifier quoi que ce soit. Pendant toute la durée du bail, il n'en tirerait aucun profit et en le renouvelant, obtiendrait-il une augmentation du prix de fermage suffisante pour combler les avances qu'il aurait faites ? De son côté le fermier est peu disposé à entreprendre des dépenses importantes. D'abord il ne jouit peut-être pas d'un capital suffisant ou du crédit nécessaire pour emprunter, et surtout pourra-t-il retirer, pendant la durée de son bail plus ou moins court, l'intérêt et l'amortissement des sommes engagées, car il est à supposer qu'en fin de bail, si l'effet des améliorations n'est pas épuisé, que le propriétaire sera fort tenté d'augmenter le prix du fermage ; il tirera alors profit d'une amélioration à laquelle il n'aura pas contribué, car il n'existe pas encore en France de loi réglementant la question de plus value au fermier sortant. Le fermier sera-t-il plus tenté de modifier son assolement, de perfectionner son bétail, d'acquérir des instruments nouveaux ? Cela est possible, à une condition cependant, c'est qu'il ait constaté dans son entourage les heureux effets des modifications qu'il se propose d'entreprendre. A ce point de vue suivra-t-il l'exemple du propriétaire qui a soumis ses terres au faire-valoir direct ? Nous ne le croyons pas. Le paysan est défiant et s'il constate qu'un agronome emploie avec succès tel procédé de culture ou tel croisement pour ses bestiaux, il l'admirera, mais il ne marchera pas sur ses traces. Il supposera que ce monsieur fait cela pour s'amuser et qu'il ne retire pas le bénéfice de ses déboursés. Peut-être n'aura-t-il pas toujours tort. Mais même si l'on suppose que cet agronome retire de gros profits de son travail et que le paysan s'en rende compte, il ne l'imitera peut-être pas encore et en cela il ne sera pas toujours blâmable. Bien souvent il remarquera, avec son simple bon sens, que pour mener à bien l'entreprise dont il constate les heureux résultats, il lui faudrait l'expérience et surtout une science qui lui manquent. Mais quand un métayer pratique un mode de culture nouveau, emploie des instruments perfectionnés, élève une nouvelle race de bestiaux et que la fortune répond à ses efforts, ses voisins ne tardent pas à comprendre que là est l'exemple à suivre ; ils savent bien que le métayer ne travaille qu'en vue des bénéfices et non pour faire progresser la science agricole.

Du reste le colon n'est pas, en principe, opposé aux perfectionnements s'il sent que son propriétaire est homme intelligent et au courant des questions agricoles ; il ne supporte guère que la moitié des dépenses, si l'entreprise ne nécessite pas trop de main-d'œuvre ; ses risques sont ainsi bien atténués. De son côté le propriétaire de métairies, s'il est soucieux de ses propres intérêts, cherchera toujours à augmenter ses revenus et pour cela, usant du droit de direction que lui confère la loi, il fera toutes les améliorations réalisables. Il aura des dépenses, il est vrai, mais il en tirera aussitôt bénéfice. Pour ne pas décourager son colon, pour le pousser même dans la voie du progrès, il supportera parfois une large part des frais, les deux tiers par exemple, quand, d'après les usages il n'en devrait payer que la moitié ; il trouvera encore avantage à cette combinaison.

Si nous remontons à une époque récente, nous remarquerons que le métayage a produit les plus heureux résultats sur l'agriculture de notre arrondissement. Grâce à lui, par exemple, l'usage de la chaux s'est répandu rapidement, notre élevage s'est complètement modifié et nos cidres sont devenus une source importante de revenu.

Jusqu'aux environs de 1840, il ne se trouvait dans nos étables que des animaux manceaux. Les bœufs alors d'un rouge blond uniforme ou maculé de blanc, aux longues cornes, étaient soumis au dur travail des champs. C'est vers cette époque que furent introduits les premiers Durhams dans l'arrondissement de Laval. « Les premiers reproducteurs de pur sang Durham introduits dans la Mayenne ont été placés soit dans des domaines soumis au faire-valoir direct, soit dans des métairies exploitées à colonie partiaire ; les fermiers à prix d'argent ne sont entrés dans cette voie que plus tard, lorsque l'expérience des métayers leur en eut démontré les avantages (1) » notamment la précocité remarquable. Ainsi une paire de bœufs manceaux se vendait autrefois à 6 ou 7 ans 600 à 650 fr. et aujourd'hui une paire de bœufs durham-manceaux atteint, à 3 ans ou 3 ans 1/2, 950, 1.000 francs et même plus (2).

Le propriétaire, qui possède plusieurs métairies assez rapprochées les unes des autres, fait plus volontiers une dépense relativement considérable en supportant quelquefois plus de sa moitié dans le prix d'achat pour acquérir un taureau bien conformé et de belle origine qui améliorera le sang de ses étables, que le fermier qui ne retirerait intérêt des avances nécessaires pour acheter un reproducteur de choix

1. Le Breton, *loc. cit.*

2. Comte Foulques de Quatrebarbes. *Essai historique sur l'ancien bétail mayennais et sa transformation par la race Durham*. Laval. Imprimerie mayennaise, 1897.

que par la transformation des bestiaux de sa seule exploitation.

Depuis quelques années nous avons vu augmenter la valeur de nos vergers et les pommes de la Mayenne peuvent aujourd'hui rivaliser avec celles de Normandie. Les fermiers auraient pu améliorer la qualité de leurs fruits en faisant une sélection parmi les espèces du pays ; mais les propriétaires, par suite de leurs connaissances et grâce à l'heureuse influence du syndicat pomologique, ont pu faire venir de Bretagne, du Nord et de Normandie des variétés plus riches que les nôtres en tannin, en sucre et par cela même en alcool, ce qui a développé les qualités du cidre de notre pays. Ils ont pu aussi acclimater dans notre arrondissement certaines variétés de pommes à couteau, excellentes et très productives. Ces transformations ont procuré aux agriculteurs un réel produit qui est venu s'ajouter aux revenus ordinaires de la métairie.

Enfin, dans un cas particulier et de minime importance il est vrai, mais cependant instructif, nous avons remarqué les heureux effets du métayage. Nous voulons parler de l'élevage des volailles. Une métayère ne possédait, il y a quelques années, que des poulets vulgaires et les vendait, au cours ordinaire du pays, 2 fr. 50 environ, depuis 1907 elle se livre à l'élevage de orpingtons, qu'elle vend couramment 4 à 5 francs. Elle se déclare enchantée et ne veut plus d'autre race. Or les premiers poulets, mis sur cette terre, avaient été fournis par le propriétaire qui avait acheté, en mai 1907, deux douzaines d'œufs de couvée à 5 francs la douzaine, prix trop élevé pour permettre à de petits fermiers d'essayer une espèce de volaille inconnue d'eux. Nous pourrions encore citer de nombreux cas d'améliorations dues au métayage dans notre arrondissement, mais ceux-ci nous suffisent pour montrer quels avantages on peut retirer de ce mode de tenure.

Une conséquence naturelle de ces observations est que le prix de fermage ordinaire des terres est généralement inférieur au revenu moyen obtenu avec l'exploitation par métayers.

De même que nous avons remarqué que les améliorations dues au métayage ne datent pas de nos jours, de même nous avons noté que, dès le XVIIe siècle, les métairies fournissaient un revenu supérieur aux fermes. En 1691, dans un acte pour l'affranchissement du droit de franc-fief, M. René Pichot déclarait que la métairie de la Graverie, « contenant cinquente arpens de terre tant en terre labourable que prés et terre inculte,... me peut valoir de revenu annuel la somme de cent vingt livres la faisant valoir à colonie partière par Pierre Aoustin laboureur », or en 1725, cette même terre était affermée « par chacun an la somme de cent livres » (1) seulement.

« Il y a longtemps que l'honorable doyen de l'ensei-

1. Bail par acte notarié de la métairie de la Graverie, du 8 août 1725.

gnement agricole, M. Jules Rieffel, a défendu cette opinion et l'a fait reposer sur des calculs positifs, empruntés au centre et à l'ouest de la France ; mais la manière dont ils sont établis, indépendante en partie des circonstances régionales, permet de leur attribuer une portée plus grande. Le savant agronome opérait sur une étendue assez considérable de pays et pour des sols de toute nature et il constatait une rente de 25 francs par hectare avec le fermage, de 30 francs avec l'exploitation directe, de 40 francs avec le métayage ; celle-ci allait jusqu'à 50 et 60 pour les bonnes terres et même atteignait exceptionnellement à 100 francs, chiffre qu'on trouve consigné dans les rapports sur les primes d'honneur (1). »

Et en 1843, M. Jamet écrivait (2) :

« Nous connaissons deux propriétés de la même commune, d'égale contenance, dont l'estimation cadastrale est semblable ; l'une à colonie partiaire produit 1.500 francs de revenu net, tandis que le fermier de l'autre peut à peine en payer 600 ; le cheptel de la première est quadruple de celui de la seconde... Nous ne voulons pas dire que ces propriétés font la balance moyenne entre les deux genres de culture ; mais nous pouvons affirmer qu'il y a au moins une différence du quart en faveur de la colonie partiaire. »

1. Baudrillart. *Revue des Deux-Mondes*, *loc. cit.*, p. 577.

2. *Examen critique des différents baux à ferme et à colonie partiaire*. Angers, 1843, par E. Jamet, propriétaire-agriculteur à Château-Gontier.

M. Le Breton (1) rapporte qu'une ferme affermée, en 1867, 1.600 francs (2), et transformée en métairie à cette époque, donna en 1868, 2.236 francs de revenu, uniquement pour la part du propriétaire : « Même en retranchant de cette somme l'intérêt du capital immobilisé par le propriétaire dans l'achat de la moitié du bétail, c'était un revenu net supérieur d'au moins 500 francs au prix du fermage antérieur. Il est vrai que ce résultat fut dû en partie à la récolte des céréales qui atteignirent cette année le prix de 27 francs l'hectolitre.

Mais le progrès continua les années suivantes et malgré les malheurs de l'hiver 1870-1871, où les blés furent gelés, les fourrages réquisitionnés pour les besoins de l'armée et le bétail vendu en partie, faute de nourriture, selon le bon plaisir des fournisseurs du 17e corps, le revenu net moyen des cinq premières années de colonie partiaire dépassa un peu deux mille francs, soit une augmentation de 25 o/o sur le revenu obtenu précédemment au moyen du fermage. »

Pour confirmer toutes ces citations, prenons un exemple récent. Jusqu'en 1900, une terre de 22 hectares était affermée 1.400 francs, convertie alors en métairie, elle rapporta pendant ces huit dernières années, en moyenne (3), la somme de 1.861 francs. Il

1. *Etude sur le métayage dans la Mayenne. loc. cit.*
2. « C'était un prix modéré, mais qu'il était difficile à un fermier d'élever beaucoup » (Le Breton).
3. Pour comparer avec quelque exactitude, le prix de fermage

faudrait déduire de ce chiffre la somme de 112 francs pour l'intérêt de l'argent dépensé à élever des constructions nouvelles que n'eût peut-être pas demandé un fermier : une soue à porcs et une loge ayant coûté au total 2.800 francs.

Ces chiffres sont tout en faveur du métayage et démontrent clairement tout l'avantage que peut retirer dans notre pays un propriétaire soucieux de ses propres intérêts, mais peut-être certains expliqueront-ils ce résultat en disant que le propriétaire ne retire un plus grand bénéfice qu'aux dépens du métayer qui travaille davantage pour ne pas obtenir un gain supérieur. M. Le Breton établit clairement la réfutation de cette objection. Parlant du fermier qui se trouvait en 1867 sur sa terre qu'il voulait transformer en métairie, « il était, dit-il, parvenu à réaliser certaines économies ; toutefois ses bénéfices devaient être assez restreints, car plutôt que d'accepter aucune augmentation du prix de location, il demanda à devenir colon à moitié. » Puis M. Le Breton recherche quels furent

d'une terre avec le revenu qu'elle produit avec le métayage, il faut faire la moyenne de plusieurs années, car d'une année à une autre les revenus d'une même métairie peuvent être fort variables, ainsi la métairie dont nous parlons ici ne rapporta en 1902 que 1.316 francs, mais par contre son revenu atteignit 2720 francs en 1908. Nous avons trouvé (Manuscrit. *Bibliothèque de Laval.* fds. Bernard et Maignan, n° 414) un curieux exemple de cette observation, sous l'empire, alors que les guerres et le blocus continental donnaient aux produits agricoles une valeur factice. Voici, page 166, quelques chiffres, en livres et sous, pour 10 années consécutives.

	1804	1805	1806	1807	1808	1809	1810	1811	1812	1813
La Roussière	827	584 12	686 15	687 11	489 6	686 4	679	685	1.119	772
La Saisbourgère.	683 10	420 6	454 12	542 8	609 14	588 76	558	558 7	810	595
Le Louvré .	1.600	1.306 10	876 10	1.004 10	815 13	1.352	1.278 18	1.497 10	2.011	1.490 10
Le Plessis .	739	701 5	550 7	594 10	539 2	657 10	490	647 6	1.237	795 12
Courgemrai.	1.379	1.202 2	1.082 5	1.054 5	1.052 6	1.317 15	1.052 10	1.144	1.683 10	1.374 5
La Perdrillère. .	773 16	534 6	924 5	971	965 5	1.121 4	1.131	1.234 10	1.811 10	1.318 16

pour cet exploitant, les résultats de la culture par métayage sur la terre qui fait l'objet de son étude et il conclut que le sort de son métayer fut beaucoup plus enviable, malgré les modestes gains réalisés, que celui de nombreux fermiers qui, à cette époque, ne purent payer leur fermage et s'endettèrent gravement.

Ces résultats que nous venons de constater dans l'arrondissement de Laval, perfectionnements et améliorations dus au métayage, revenu supérieur à celui obtenu avec le fermage, sont d'autant plus appréciables que dans certaines contrées ce mode de faire-valoir ne produit pas d'aussi brillants résultats (1). Il faut attribuer en partie ces heureux effets, dans la Mayenne, à la situation de ce département et à l'étendue des exploitations.

Traversé de l'Est à l'Ouest par la ligne de chemin de fer Paris-Brest qui lui assure de rapides communications avec la capitale située à environ 300 kilomètres, réuni par d'autres lignes avec Sablé, Mayenne et la Normandie, Craon et Nantes, Château-Gontier et Angers, mis en rapport avec cette dernière ville par la Mayenne qui peut porter des bateaux d'une charge de 130 tonnes, l'arrondissement de Laval est suffisamment éloigné de toute grande agglomération urbaine pour ne pas être tenu de se livrer à la culture intensive, peu favorable au métayage.

1. Haber. *Le métayage*. Paris, Arthur Rousseau, 1900, p. 231-238.

« Imaginez, dit M. de Dreuille (1), une amélioration agricole qui coûte 1 franc de main-d'œuvre et qui rapporte 1 fr. 50 de produit brut. L'opération sera excellente en elle-même. On en trouve rarement de meilleures dans l'industrie. Le propriétaire ou le fermier qui avancera 10 francs en retirera 15 ; s'il avance 1.000 francs il en retirera 1.500 ; s'il avance 10.000 il en retirera 15.000. Pas un fermier n'hésitera devant de pareils chiffres. Eh bien ! cette amélioration excellente, le métayer la repoussera absolument parce que, pour lui, le résultat se retournera comme ceci :

Dépense	1 fr. »
Moitié du produit brut, de 1 fr. 50, ci. .	0 fr. 75
Reste une perte nette de	0 fr. 25

Ce simple calcul renferme tout le secret du métayage. »

Nous ne suivrons pas M. de Dreuille dans son raisonnement. Nous avons déjà vu, en effet, que le propriétaire subvenait pour une large part dans les amendements de la métairie. Généralement le colon ne participe à l'achat des engrais que proportionnellement à la part qu'il retirera des produits du sol. Les travaux d'amélioration présentant un caractère de permanence, tels que les drainages, sont laissés à la charge du maître, le métayer n'y prêtant qu'un con-

1. *Du métayage et des moyens de le remplacer*. p. 20.

coûrs très minime. Quand ces travaux augmenteront les produits de la terre de façon à intéresser le colon, celui-ci n'hésitera donc pas à les entreprendre.

Si cependant il nous faut reconnaître que toutes les dépenses ne sont pas à la charge du métayer, nous ne nierons pas que la culture intensive favorise peu le développement du métayage. On peut d'abord constater que les pays du nord, spécialisés dans la culture intensive, sont aussi ceux où les métairies sont le moins nombreuses. Il est en effet facile de comprendre que le métayer qui se charge à lui seul de toute la main-d'œuvre a peu d'intérêt à employer un mode de culture qui nécessite un nombre de bras considérable, bien que les machines perfectionnées en aient réduit considérablement le nombre.

Cette même constatation nous amène à décider que les pays de grande culture, dont les exploitations ont une superficie moyenne de plus de 40 hectares, sont défavorables au métayage. S'il est nécessaire qu'une métairie soit assez étendue pour produire les denrées nécessaires à la nourriture du métayer et de sa famille, il ne faut pas qu'elle ait une superficie assez grande pour exiger, en plus du travail des enfants du colon, l'emploi d'un personnel salarié qui combattrait les heureux effets que peut développer le métayage pour le métayer et pour le propriétaire. Parlant des métairies d'une étendue de 20 à 50 hectares, « c'est là, dit Baudrillart, le type du métayage riche et aisé. » Or voici quelle est, d'après l'enquête décennale de 1892, la répartition des terres dans la Mayenne entre les pays de petite, de moyenne et de grande culture.

Très petite culture au-dessous de 1 hectare		Petite culture						Moyenne culture de 10 à 40 hect.		Grande culture de 40 hect. et au-dessus	
		De 1 à 5 hect.		De 5 à 10 hect.		totale					
nombre	étendue (1)	nombre	étendue	nombre	étendue	nombre	étendue	nombre	étendue	nombre	étendue
8.634	6.4	8.599	27.8	6.883	52.6	15 480	80,4	11.943	245.3	736	160.4

La très petite culture, bien que représentant le plus grand nombre d'exploitations, ne couvre qu'une infime partie de notre territoire. La petite culture se trouve surtout aux environs des villes et forme de petites exploitations connues sous le nom de closeries. Celles-ci se livrent à la culture des légumes et au commerce du lait. Malgré les difficultés de comptes qu'entraîne une telle gestion, quelques-unes cependant sont soumises au métayage ; la confiance dans l'honnêteté du colon est ici la meilleure garantie du

1. Chiffres en milliers d'hectares.

partage exact des produits. La moyenne culture, si elle ne compte pas le plus de représentants, couvre le plus d'hectares ; c'est donc elle qui domine dans notre département. Dans cette catégorie, les terres de 10 à 20 hectares sont les plus nombreuses avec 6.561 exploitations, puis viennent celles de 20 à 30 hectares avec 3.368 exploitations. Parmi les terres de grande culture 604 ont de 40 à 50 hectares et 70 de 50 à 100.

Nous trouvons, dans le rapport sur l'enquête agricole de 1866, l'explication de ce grand nombre de moyennes propriétés et de son développement. « La propriété, dans la Mayenne, a subi la loi générale de la division qui l'affecte dans toute la France. Mais la nature particulière de la culture et de la constitution du domaine a produit des effets qu'il importe d'expliquer. Beaucoup de grands domaines ont disparu et se sont divisés, mais la division se fait par corps de biens, en sorte que le nombre de métairies ne doit pas avoir sensiblement diminué. On remarque même que, dans les ventes tout à fait détaillées, si une pièce de terre est acquise séparément, elle est réunie à un corps de biens déjà formé et dont elle augmente l'importance. Il y a donc division des grandes propriétés et reconstitution des moyennes.

Le mode d'exploitation des terres est tel, que chacun travaille pour soi comme propriétaire, fermier ou métayer, ou pour autrui comme journalier. Le nombre de ceux qui travaillent alternativement pour eux et pour autrui est tellement restreint, qu'il ne paraît pas influer sur la condition agricole de ce département. »

Les plus heureux résultats proviennent de cette diffusion de la moyenne propriété qui résulte aussi de ce que les héritages sont souvent bordés de petits ruisseaux qui leur fixent des limites naturelles. Le métayer peut exploiter la terre qui lui est confiée par lui-même, avec l'aide de ses enfants et d'un très petit nombre de domestiques. Voici quels renseignements nous trouvons dans l'enquête de 1866 : Landelle cultive une métairie de 32 hectares 1/2 à Parné, canton d'Argentré. « Mon personnel agricole, dit-il, se compose de moi, de ma femme et d'un de mes fils. Nous sommes aidés par deux domestiques hommes et une domestique femme. Nous prenons des journaliers des deux sexes, tant au printemps que pour les travaux de moissons et de fenaisons. » — Denuault cultive une métairie de 31 hectares 33 ares, à Ahuillé, canton de Laval. « Le personnel se compose de la mère qui est veuve, de trois frères, de deux sœurs et d'un domestique homme. » — Jalu cultive une métairie de 17 hectares à Saint-Berthevin, canton de Laval. « Mon personnel agricole, déclare-t-il, se compose de moi, de ma femme, deux fils, un jeune domestique et une servante. »

Dans l'arrondissement de Laval sont donc presque inconnues ces grandes exploitations qui transforment le métayer qui est à leur tête en un véritable chef d'industrie qui dirige plus ses subordonnés qu'il ne travaille lui-même.

Les maisons des cultivateurs sont disséminées dans les champs, au milieu des haies épaisses qui environnent et séparent les propriétés et les champs, donnant au pays, quand elles sont vues de loin, l'aspect d'une vaste forêt percée de nombreuses clairières. Excepté les jours de grands travaux, au temps des foins et de la moisson, chaque famille vit isolée. Le paysan, père de famille, entouré de sa femme, de ses enfants, de ses domestiques et de ses troupeaux, dirige tout à sa volonté sans avoir à craindre la critique ou la curiosité des voisins. Sa métairie lui fournit d'ailleurs à peu près tout ce qui est nécessaire à la vie ; il ne va presque rien chercher au dehors bien qu'il aime assez, en général, courir les marchés qui lui offrent quelques distractions.

Cette vie paisible du paysan bas-manceau est bien faite pour conserver les antiques usages et les saines traditions. Le petit nombre d'étrangers qui se fixe dans notre département n'est peut-être pas non plus sans influer sur ce maintien des idées du passé. En 1901, la Mayenne ne comptait que 270 étrangers soit la proportion de 0,06 p. 100 habitants, et ces chiffres se sont encore affaiblis depuis lors puisqu'en 1906 on ne trouve plus que 233 étrangers ce qui donne 0,05 p. 100 habitants.

D'un esprit calme, judicieux plutôt que vif, l'habitant de nos campagnes a besoin que l'impulsion et l'éveil lui viennent du dehors ; d'un tempérament naturellement indolent, il ressent tous les bienfaits du métayage qui, sous l'impulsion du maître, réveille l'énergie et la vigueur cachées en lui. « Si plus de bonne foi, écrit M. Villey (1), régnait parmi les hommes, le métayage serait aujourd'hui, pour tous les possesseurs de la terre qui ne peuvent la cultiver eux-mêmes, le meilleur des arrangements. » Nous sommes persuadés que cette bonne foi est encore assez vivace et assez forte dans notre arrondissement pour permettre de croire à une longue existence du métayage. Tous les auteurs qui ont étudié notre pays sont d'accord sur ce point. Nous citerons quelques-unes de leurs opinions pour que l'éloge que nous pourrions faire de nos paysans ne puisse être soupçonné de partialité.

« Le résultat le plus général de nos observations, lisons-nous dans Baudrillart (2), et des notes que nous recueillons, se traduit ainsi : Ce sont de bonnes populations. En effet la majorité de la classe maintient dans le Maine ses vieilles traditions de probité et d'honnêteté... » Puis, parlant du Bas-Maine, il ajoute : « L'esprit de la population s'y prête à merveille par un caractère de douceur assez conciliant et par des habitudes de respect, qui n'excluent ni une certaine indépendance, ni un juste compte de ses intérêts. On peut dire, qu'en général, les qualités regardées comme essentielles pour faire réussir le métayage, c'est-à-dire

1. *Principes d'économie politique*. Paris. Guillaumin, Larose, Pedone, 1905, p 680.
2. *Les populations agricoles en France*, *loc. cit.*, p. 16 et 29.

la probité, l'ordre, un jugement calme, l'assiduité dans le travail, se trouvent là réunis chez les paysans tandis que les propriétaires, de leur côté, apportent dans leurs relations avec les métayers un concours actif dans l'exploitation et un libéral esprit d'assistance. »

Dans son *Histoire complète de la province du Maine* (1), Lepelletier de la Sarthe, dit à propos de la Mayenne : « Dans cette partie de notre province, particulièrement, les cultivateurs, les fermiers sont, en général, estimables et considérés, surtout en raison de leur existence patriarcale, de leur attachement à leurs maîtres, aux métairies qu'ils exploitent quelquefois de temps immémorial, de leur charitable et généreuse hospitalité pour les pauvres, les infirmes, les malheureux, aussi forment-ils une caste particulière avec ses prétentions, son esprit de corps ; aussi ne les voit-on que bien rarement contracter avec les artisans du bourg, ces alliances exceptionnelles de famille, dans lesquelles ils croient ordinairement se compromettre et déchoir. On ne remarque point entre eux ces inimitiés, ces divisions qui, chez les autres industriels, naissent de l'envie, de la jalousie, des rivalités ; ils sont au contraire bienveillants les uns pour les autres. »

Enfin, M. de Kerjégu, dans son Rapport sur la prime d'honneur, s'exprime en ces termes : « En

1. Paris, Victor Palmé, 1861, vol. 2, p. 118.

pénétrant dans les demeures, en parcourant les métairies où vivent dans la foi et le respect, laborieuses et sobres, économes et pourtant admirables de charité, ces vieilles familles de métayers, si estimés de leurs maîtres qu'ils les font dépositaires sans contrôle de leur fortune, le jury, ému au spectacle de tant de probité et de confiance, a confondu dans un même sentiment de respect, des métayers et des propriétaires, unis par une si intime réciprocité d'estime et d'attachement. »

Faut-il s'étonner qu'avec ce caractère de notre population, les relations de propriétaires à métayers soient des plus cordiales. Habitant généralement à une certaine distance de ses terres, le propriétaire ne se livre pas sur ses métayers à une surveillance incessante. Il vaut mieux laisser une certaine initiative au laboureur et lui indiquer les grandes lignes du travail qui convient à son exploitation plutôt que d'insister sur des points de détail qui ennuient celui à qui on veut les appliquer sans obtenir de résultat appréciable. Par ailleurs, il se faut bien persuader de ce fait que si le paysan est peu scrupuleux et ne trouve pas dans sa conscience la règle de sa conduite, il pourra toujours s'attribuer une grande partie de la part des revenus du maître malgré tous les soins que celui-ci pourrait prendre pour éviter semblable résultat. En plus des visites que tout propriétaire rend assez souvent à ses métairies, l'habitude de partager le prix de vente aussitôt après les marchés et de régler les comptes dès qu'une question d'intérêt se présente, procure au propriétaire et au colon l'occasion de parler plus souvent ensemble de leurs intérêts communs. Quand les propriétaires habitent une ville, nombreux sont ceux qui hébergent chez eux leurs métayers les jours de marché et de foire ; ils sont heureux de rendre ce petit service à leurs associés en agriculture en leur épargnant la dépense de l'auberge. Les métayers font, pour ainsi dire, partie de la maison de leur maître qui s'intéresse à eux et à tout ce qui peut leur arriver. Dans l'étude historique que nous avons faite, nous avons remarqué que, dans les grands événements qui survenaient dans la vie du colon, le propriétaire intervenait souvent en témoignant par sa présence de l'estime qu'il portait à celui qui s'était chargé de cultiver ses terres. Encore aujourd'hui, quand une fille de métayer se marie, celui-ci prie, en général, son maître de la conduire à l'autel (1), et quand un propriétaire marie un de ses enfants, il n'est pas rare de le voir réunir ses métayers dans un banquet pour fêter l'heureux événement.

La communauté étroite d'intérêts qui unit maîtres et laboureurs dans la lutte contre la terre développe entre eux une étroite association dans les joies et les peines. L'inimitié et la haine, qui, trop souvent, exis-

1. Avec le culte pour la tradition, les populations rurales de l'arrondissement de Laval sont restées fidèles à leur sentiment religieux et rares sont les paysans qui ne se marient pas à l'Eglise.

tent entre patrons et ouvriers dans la grande industrie, sont ici inconnues.

Satisfaits de leur modeste aisance, les laboureurs aiment l'exploitation à laquelle ils donnent tous leurs soins ; ils vivent ainsi heureux et ne songent pas à abandonner la terre sur laquelle ils se sont fixés. Quand ils sont vieux et ne peuvent plus être d'aucune utilité à leurs enfants, ils achètent, si leurs économies le leur permettent, une petite closerie ou, plus souvent, ils vont s'installer dans le bourg voisin, près de la terre sur laquelle ils ont passé le meilleur temps de leur existence. Il est, en effet, remarquable de voir, dans la Mayenne, les exploitations rester de siècle en siècle, dans les mains des mêmes générations d'exploitants. Les familles de métayers qui se succèdent ainsi sur une métairie sont si nombreuses que l'espèce d'hérédité qui en résulte semble un fait tout naturel.

« Il existe, dit M. le marquis de Quatrebarbes (1), dans nos campagnes de l'Ouest, principalement sur les terres échappées aux spoliations révolutionnaires, de nombreuses races de cultivateurs qui exploitent, de père en fils, leur métairie, depuis un temps immémorial. Nul n'a connaissance de l'époque à laquelle la famille est venue s'y établir : on sait seulement que le père et l'aïeul y sont nés. Familles patriarcales qui

1. Généalogie de la famille de la Noë, rédigée sur les titres de la seigneurie d'Argenton, et les registres d'état civil des paroisses d'Argenton, Saint-Michel de Feins et Bierné, 1855.

ont conservé vive et pure la foi de leurs aïeux, leurs antiques mœurs, leur probité sévère et leur immense charité. Jamais pauvre n'a frappé en vain à leur porte, il se réchauffe à leur foyer, il y trouve le pain de chaque jour et un abri pendant la nuit. Sans ambition, sans intrigue, sans autre passion que leur amour pour le sol natal, les familles y ont pris racine comme le chêne de nos bois. Tranquilles sur leur avenir, confiantes dans l'attachement de leurs maîtres à qui elles sont pour ainsi dire inféodées ; elles savent que leurs fils continueront de féconder les terres défrichées par leurs aïeux. Heureuses dans leur obscure destinée, elles ne demandent au ciel que la pluie et le soleil pour faire germer et mûrir leurs moissons ; leurs modestes vœux n'ont point appris à s'égarer par le luxe et la soif du gain Au lieu de tenter la fortune et de passer leur vie dans l'agitation, elles suivent sans bruit la route tracée par leurs pères en exerçant leur utile et honorable industrie.

« J'ai le bonheur de posséder sur mes terres une famille de ce genre. Je trouve dans mes titres des traces non interrompues, depuis quatre siècles, de l'existence des de la Noë, sur les paroisses d'Argenton, Saint-Michel et Bierné. Il y a plus de trois cents ans que l'un d'eux était métayer de ma ferme de la Houdinière, son arrière petit-fils l'est en ce moment. Dix autres membres de la famille sont à mon service ; aucun n'a dégénéré. J'ai pensé qu'il serait agréable à ces braves gens d'avoir un tableau généalogique de leur famille ; je le leur offre comme un témoignage de mon amitié pour eux. Aucune ombre n'y fait tache : Un travail assidu, une probité de quatre siècles, sont aussi des titres de noblesse qu'ils ne manqueront pas de transmettre à leurs enfants (1) ».

Entré profondément dans les mœurs, ne donnant lieu dans la pratique à aucune grave difficulté, nous ne croyons pas qu'il y ait lieu de s'émouvoir outre mesure des résultats statistiques qui enregistrent une diminution sensible du métayage. Nous avons même le ferme espoir qu'il est encore assuré d'une longue et brillante carrière, qu'il continuera à rendre à l'agriculture dans notre arrondissement les signalés services que seul il peut engendrer, qu'enfin il saura résister aux attaques incessantes de ceux qui voient en lui le principal obs-

1. Comme M. le marquis de Quatrebarbes cite une famille de l'arrondissement de Château-Gontier, nous voulons montrer que l'arrondissement de Laval peut, lui aussi, être fier de ses vieilles familles de métayers.

« La famille Brochard, écrit M. A. Le Marié, dont l'existence sur la terre de la Ménaudière, commune de Saint-Cyr-le-Gravelais remonte, par preuves authentiques, à plusieurs centaines d'années. Les actes de l'état civil existant à la mairie de Saint-Cyr constatent la généalogie du chef actuel de la famille jusqu'à l'un de ses ancêtres dont l'acte de naissance est d'octobre 1705, époque au delà de laquelle il ne reste rien des archives de cette commune. Les titres de la Ménaudière, dont les principales pièces sont les aveux de 1631 et de 1716 constatent que depuis le commencement du XVIIe siècle, la famille Brochard est toujours restée sur cette terre. » (*Groupe départemental des membres de la Société des Agriculteurs de France*. Réunion du lundi 29 avril 1907. Laval. Imprimerie mayennaise, 1907, p. 16).

tacle à la conversion de nos populations rurales aux idées nouvelles.

Nous regretterions de terminer cette étude sans rappeler ici quelques lignes d'Olivier de Serres (1), souvent citées, mais jamais assez comprises, méditées et mises en pratique. Elles forment le meilleur résumé des idées que nous avons cherché à développer dans ce travail.

« Homme de bien, loyal, de parole et de bon compte : sain, âagé de vingt-cinq à soixante ans : marié avec une sage et bonne mesnagère : industrieux : laborieux : diligent : espargnant : sobre : non amateur de bonne chère, non yvrongne : ne babillard, ne plaideur : ne villotier.... Ainsi qualifié et rencontré, sera celui qu'il vous faut, avec lequel n'entrerés en piques à peu d'occasion, mais supporterés doucement ses petites imperfections : toutes fois avec un jusques où, gardant vostre authorité, afin de ne l'accoustumer à désobéir et à ne craindre. Compterés souvent avec lui, de peur de mescompte... Lui monstrerés au reste, l'amitié que lui portés, louant son industrie, sa diligence et vous réjouissant de son profit, trouvant bon qu'il gaigne honnestement avec vous, pour l'affectionner tous-jours mieux à vostre service. Ne changerés de fermier ne de métayer, si le treuves passable, que le

1. *Le Théâtre d'Agriculture et Mesnage des champs*, d'Olivier de Serres, seigneur de Pradel, publié par la Société d'Agriculture du département de la Seine. An XII (1804). Huzard. Paris. Vol. 1. p 58.

plus rarement que pourrés : et au contraire n'en souffrirés aucun, qui n'ait la plus-part des qualités susdites. Et quel que soit vostre fermier ou vostre métayer, n'abandonnés tellement vostre terre qu'en toutes saisons ne la visitiés (le plus souvent estant le meilleur) pour remédier à temps aux destracs survenans. Principalement, en la récolte des fruits, tenés vous en de si près, qu'en tiriés vostre raison. »

Vu :
Le Professeur, président de la thèse,
EDGARD ALLIX

Vu :
Le Doyen de la Faculté,
EDMOND VILLEY

VU ET PERMIS D'IMPRIMER :
Le Recteur de l'Université de Caen,
R. MONIEZ

BIBLIOGRAPHIE

Allix. — Principes d'économie rurale. Cours de doctorat professé à l'Université de Caen. Année scolaire 1907-1908.

Angot (Abbé A.). — Dictionnaire historique, topographique et biographique de la Mayenne. Laval, Goupil. 1900.

Angot (Abbé A.). — Le cidre. Son introduction dans le pays de Laval. Mamers, Fleury et Dangin. 1889.

Annuaire du département de la Mayenne pour l'an XII. Laval, Bouttevillain-Granpré.

Avenel (Vicomte d'). — Paysans et ouvriers depuis sept cents ans. Paris, Armand Colin. 1899.

Babeau. — La vie rurale dans l'ancienne France. Paris, Didier. 1883.

Bastiat. — Journal des économistes. 1re série XIII. Février 1846. Considérations sur le métayage.

Baudrillart. — Le métayage en France et son avenir, d'après une enquête récente. Revue des Deux-Mondes. 1er octobre 1885.

Baudrillart. — Les populations agricoles de la France. Paris, Guillaumin. 1888.

Beautemps-Beaupré. — Coutumes et institutions de l'Anjou et du Maine. Paris, Durand et Pédone-Lauriel. 1883.

Bellée (Armand) et Victor Duchemin. — Cahiers des plaintes et doléances des paroisses de la province du Maine pour les états généraux de 1789. Le Mans, Monnoyer. Paris, Champion. 1881.

Bérard (Alexandre). — La situation des agriculteurs en France sous l'ancien régime. Lyon, Imprimerie Bourgeon. 1881.

Bodard de la Jacopière (de). — Chroniques craonnaises. Laval, Mary Beauchêne. 1869.

Boislisle (de). — Correspondance des contrôleurs généraux des Finances avec les Intendants des Finances. Paris, Imprimerie nationale. 1874.

Bouissou (Marcelin) et Georges Turlin. — Traité théorique et pratique du métayage. Paris, Arthur Rousseau. 1897.

Brouilhet (Louis). — Etude sur le métayage. Limoges, Duverger. 1901.

Bulletin de la Société des Eleveurs de la race Durham-Mancelle. Août 1908. Château-Gontier, Leclerc.

Cartulaire de la Roë. Manuscrit. Archives de la Mayenne H[1].

Cauvin. — Institut des provinces de France. Géographie ancienne du diocèse du Mans. Paris, Derache. 1845.

Clappier (Benoît). — Le métayage particulièrement en Limousin. Poitiers, Société française d'imprimerie et de librairie. 1899.

Clavé. — La situation agricole de la France. Revue des Deux-Mondes. 1er févr. 1880.

Clément. — Rapport au Sénat. Journal officiel. 2 juin 1880. Annexes.

Commission historique et archéologique de la Mayenne (Bulletin de la). Laval. Moreau. 1870.

Comptes de la Châtellenie d'Olivet. Manuscrit. Archives de la Mayenne. E Comté de Laval, f. ds. de la châtellenie d'Olivet.

Comptes de métairies : xviiie et xixe siècles. Manuscrit. Bibliothèque de Laval, f. ds. Bernard et Maignan, no 414.

Couanier de Launay. — Histoire de Laval. Laval, Chailland. 1894.

Couanier de Launay. — Petite géographie statistique et historique du département de la Mayenne. Laval, Mary Beauchêne. 1864.

Coustumes du païs du Maine. Au Mans, Gervais Olivier. 1636.

CRUVELHIER. — Etude sur le métayage d'après la loi du 18 juillet 1889. Paris, Rousseau. 1893.

CUQ. — Le colonat partiaire dans l'Afrique romaine, d'après l'inscription d'Henchir-Mettich. Paris, Imprimerie nationale. 1897.

DARESTE DE LA CHAVANNE. — Histoire des classes agricoles en France. Paris, Guillaumin. 1858.

DESBOUDET (Martin). — Le métayage en Bourbonnais. Paris, Pédone. 1897.

DESVAUX (Georges). — Du métayage. Paris, Edouard Duchemin. 1893.

Documents privés : Baux et autres contrats de la métairie de la Graverie, XVIIe, XVIIIe et XIXe siècles. Baux et autres contrats de la métairie de la Bréhaudière. XVIIIe siècle. Baux de la Cheverie, XVIIIe siècle. Bail de la closerie de la Magdelaine des Speaux, XVIIe siècle.

Documents relatifs à l'histoire du Comté de Laval. Laval. H. Godbert. 1860.

DONIOL. — Histoire des classes rurales en France et de leurs progrès dans l'Egalité civile et la Propriété. Paris, Guillaumin. 1865.

DREUILLE (Vicomte de). — Du métayage et des moyens de le remplacer. Paris. 1865.

DUCHEMIN DU TERTRE (Copie des comptes que M.) a tenu avec les collons des héritages par eux tenus à moitié, dépendants du bien des pauvres de l'Hôtel-Dieu Saint-Julien de cette ville de Laval. Manuscrit. Bibliothèque de Laval. f. ds Couanier de Launay. H.

ESMEIN. — Cours élémentaire d'histoire du droit français. Paris, Larose et Tenin. 1907.

Extrait des registres des arrêtés de l'administration centrale du département de la Mayenne. Laval, Rebullier, 21 prairial an VII. Bibliothèque de Laval, n° 32.845.

FLOUR DE SAINT-GENIS. — Mémoire sur le métayage en Bourgogne et la surveillance du propriétaire au XVIIIe siècle

(Extrait du bulletin des sciences économiques et sociales du Comité des travaux historiques et scientifiques, année 1897).

Fustel de Coulanges. — Recherches sur quelques problèmes d'histoire. Le colonat. Paris, Hachette, 1885.

Garidel (de). — Le métayage en Bourbonnais ; ses résultats matériels ; ses conséquences sociales. Réforme sociale, 1er septembre 1884 et 1er janvier 1890.

Gasparin (de). — Le métayage. Guide des propriétaires de biens soumis au métayage. Paris, Librairie agricole de la Maison Rustique, 1865.

Gibon. — La crise agricole, la pratique du métayage. Réforme sociale, 15 février 1885.

Grimod et Guéranger. — Dictionnaire pratique de droit rural et des usages ruraux du département de la Mayenne. Laval, Goupil.

Groupe départemental des membres de la Société des Agriculteurs de France. Réunion du lundi 29 avril 1907. Laval, Imprimerie mayennaise, 1907.

Guérard. — Le polyptyque d'Irminon. 1844.

Guillier (Louis-Marie-François). — Recherches sur Changé-lès-Laval. Laval, Chailland, 1882.

Haber. — Le métayage. Paris, Arthur Rousseau, 1900.

Hermes (Dr A.). — Der Teilbau in Frankreich. Verlag von Gustav Fischer in Jena. 1907.

Higgs (Henry). — Metayage in Western France. Appendix : Monograph of a Metayer farm near Laval, France. By Henry Higgs and Roger Lambelin. Extract The Economic Journal. Vol. IV. London : Macmillan and Co. March 1894.

Hoisnard (Ambroise-René). — Recueil nouveau des plus utiles sentences rendues au siège ordinaire de Laval. Manuscrit. Bibliothèque de Laval, n. 12.226.

Jamet. — Examen critique des différents baux à ferme et à colonie partiaire. Angers, 1843.

Joanne (Paul). — Dictionnaire géographique et administratif de la France et de ses colonies. Tome IV. Paris, Librairie Hachette, 1896.

JOUBERT (André). — Etude sur la vie privée au XVe siècle en Anjou. Angers, Germain et Grassin, 1884.

JOUBERT (André). — La vie agricole dans le Haut-Maine au XIVe siècle, d'après le rouleau inédit de Madame d'Olivet. Mamers, Fleury et Dangin, 1886.

KERJÉGU (Louis de). — Rapport sur la prime d'honneur. Nantes, Vincent Forest et Emile Grimaud, 1870.

LA BEAULUÈRE (de). — Notice sur Entrammes. Bibliothèque de Laval, 32.087.

LABORDERIE-BOULOU. — Le métayage particulièrement en Périgord. Bordeaux, Cadoret, 1905.

LAFARGE (René). — L'agriculture en Limousin au XVIIIe siècle et l'intendance de Turgot. Paris, 1902.

LARMINAT (de). — Etude sur le métayage dans le département de l'Allier. Moulins, Ducroux et Gougeon Dulac, 1880.

LATREILLE. — Du contrat de colonage. Revue critique de législation et de jurisprudence, XXV, 1864.

LAVERGNE (Léonce de). — Economie rurale de la France depuis 1789. Paris, Guillaumin, 1877.

LE BRETON. — Etude sur le métayage dans la Mayenne. Paris, Imprimerie de la Société de Typographie. 1881.

LECOINTRE (Charles). — Un domaine soumis au métayage. Poitiers, Oudin, 1889.

LEMOINE. — Le métayage dans le département du Cher. Paris, Boyer, 1902.

LE MESLE DU PORZOU. — Considérations sur l'histoire des classes agricoles en France. Dax. Campion, 1867.

LEPELLETIER DE LA SARTHE. — Histoire complète de la province du Maine. Paris, Victor Palmé, 1861.

LUCE (Siméon). — Le Maine sous la domination anglaise en 1433 et 1434. Le Mans, Pellechat, 1878.

MAILLARD (abbé Charles). — Chroniques paroissiales de Maisoncelles. Laval, Chailland, 1887.

MARESCHAL (Georges). — Du métayage ou bail à colonat partiaire (loi du 18 juillet 1889). Nancy, Crépin-Leblond, 1896.

Martin-Desboudet. — Le métayage en Bourbonnais. Paris, Pédone, 1897.

Méplain. — Traité du bail à portion de fruits ou colonage partiaire. Moulins, 1850.

Merlin (Roger). — Le métayage et la participation aux bénéfices. Paris, Arthur Rousseau, 1898.

Million. — Rapport à la Chambre des Députés. Journal officiel, 27 juillet 1888, annexes.

Ministère de l'agriculture, du commerce et des travaux publics. Enquête agricole. Deuxième série. Enquêtes départementales. 2e circonscription. Paris, Imprimerie Impériale, 1867.

Ministère de l'agriculture, du commerce et des travaux publics. Enquête sur les engrais industriels. Paris, Imprimerie impériale, 1865.

Minutes de notaires, XVIIe et XVIIIe siècles Archives de la Mayenne. E minutes. François Jardrin, Pierre Noury.

Morin. — L'agriculture dans la Mayenne et projet de culture d'une métairie mayennaise. Laval, Goupil, 1903.

Pasquier (Estienne). — Les recherches de la France. Paris, 1643.

Pasquier (Isidore). — Du métayage étudié dans son histoire et ses éléments juridiques d'après sa pratique dans le Craonnais. Angers, Lachèse et Dobleau, 1890

Pichot (René), sieur de la Graverie. — Sentences du siège ordinaire du comté pairie de Laval. Manuscrit. Bibliothèque de Laval, n° 12.222.

Piolin (Dom). — Histoire de l'Eglise du Mans. Paris, Julien Lanier et Cie, 1854.

Plaisant. — Le bail à métayage en Berry. Bourges, Sire, 1892.

Quatrebarbes (Comte Foulques de). — Essai historique sur l'ancien bétail mayennais et sa transformation par la race Durham. Laval, Imprimerie mayennaise, 1897.

Quéruau-Lamerie. — La vie à Laval au XVIIIe siècle. Laval, Léon Moreau, 1883.

Rapport à l'Empereur sur les grandes primes d'honneur destinées à récompenser le cultivateur, propriétaire ou fermier. Paris, Panckouke, 1862.

Ratouis de Limay. — Le métayage dans le département de l'Indre. Châteauroux, 1896.

Recueil des Usages Ruraux de l'arrondissement de Laval. Laval, Imprimerie mayennaise, 1872.

Rérolle. — Le colonage partiaire en Droit romain et en Droit français. Lyon, Imprimerie du Salut Public, 1888.

Roux (Paul). — Le rôle social du propriétaire rural. Paris, Société des Agriculteurs de France, 1908.

Sauzet. — Du métayage en Limousin. Paris, Arthur Rousseau, 1897.

Say (Léon) et Chailley (Joseph). — Nouveau dictionnaire d'économie politique. Tome II. Paris, Guillaumin, 1892.

Serres (Olivier de), seigneur de Pradel. — Le théâtre d'Agriculture et Mesnage des Champs. Paris, Huzard, an XII.

Seuliet (Fernand). — Le métayage. Paris, Giard et Brière, 1905.

Tourdonnet (de). — Situation du métayage en France. Rapport sur l'enquête ouverte par la Société des Agriculteurs de France. Paris, 1880.

Tourdonnet (de). — Traité pratique du métayage. Paris, 1882.

Vernaison. — Le métayage en France. Paris, Arthur Rousseau, 1902.

Vias (Joseph). — Du métayage en droit français et des usages locaux particuliers à l'arrondissement de Sisteron. Marseille, Barlatier, 1905.

Villey. — Principes d'économie politique. Paris, Guillaumain, Larose, Pedone. 1905.

Wismes (Baron de). — Le Maine et l'Anjou historiques, archéologiques et pittoresques. Nantes, Vincent Forest et Emile Grimaud.

Young (Arthur). — Voyages en France. Traduction Lesage Paris, Guillaumin, 1860.

TABLE DES MATIÈRES

LAVAL. — IMPRIMERIE L. BARNÉOUD ET Cie.

www.ingramcontent.com/pod-product-compliance
Ingram Content Group UK Ltd.
Pitfield, Milton Keynes, MK11 3LW, UK
UKHW021043200726
13857UKWH00003B/793